Königs Erläuterungen und Materialien
Band 215

Erläuterungen zu

Joseph von Eichendorff

Aus dem Leben eines Taugenichts

von Walburga Freund-Spork

Über die Autorin dieser Erläuterung:

Walburga Freund-Spork, Studium der Germanistik und Geschichte an der Universität Münster. Realschullehrerin, Fachleiterin für das Fach Deutsch Sekundarstufe I, Mitautorin des Lehrplans Deutsch für die Sekundarstufe I (NRW), Referentin für Fort- und Weiterbildung bei der Bezirksregierung Detmold, stellv. Seminarleiterin am Studienseminar Sek. I in Paderborn. In den Zeitschriften Diskussion Deutsch, Praxis Deutsch, Blätter für den Deutschlehrer und Literatur für Leser hat sie literaturdidaktische Beiträge vorgelegt. Literaturwissenschaftliche Untersuchungen zu Heinrich Heine, zu Novellen und Romanen der Gegenwart sowie zur modernen Essayistik sind von ihr in den Universitäts-Taschenbüchern und in den Grabbe-Jahrbüchern erschienen.

Frau Freund-Spork ist Autorin von Interpretationen und Lernhilfen namhafter Verlage.

1. Auflage 2003
ISBN 3-8044-1800-7
© 2003 by C. Bange Verlag, 96142 Hollfeld
Alle Rechte vorbehalten!
Titelabbildung: Joseph von Eichendorff
Druck und Weiterverarbeitung: Tiskárna Akcent, Vimperk

Inhalt

Vorwort

Keinem anderen poetischen Werk ist seit seinem Erscheinen eine solche Breitenwirkung in Deutschland beschieden gewesen wie der Märchennovelle Eichendorffs *Aus dem Leben eines Taugenichts*. In der Bibliografie Karl von Eichendorffs sind zwischen 1850 und 1925 nicht weniger als hundert Neuauflagen und Nachdrucke verzeichnet. Vor allem in den Jahren der Weltkriege erreichte der kleine Text Aufsehen erregende Auflagehöhen. Vielleicht, weil der poetische, liebenswerte Held in Zeiten blutiger Auseinandersetzung und sinnlosen Mordens in seiner reinen Einfalt und seinem Gottvertrauen ein Gegenbild zu dem, was die Wirklichkeit zu bieten hatte, darstellt. Aber auch außerhalb dieser Phasen erfreute sich die Märchennovelle solcher Beliebtheit, dass man gern über die Gründe für einen solchen Erfolg spekuliert hat. Im Vorwort zur historisch-kritischen Ausgabe der Werke Eichendorffs fasst Wilhelm Kosch den Erfolg so zusammen:

> *„Eichendorff ist nicht nur der populärste, sondern auch der deutscheste der deutschen Dichter. In ihm spiegelt sich der alte Geist des deutschen Volkes am reinsten wider, deutscher Glauben, Hoffen und Lieben, das deutsche Gemüt, der aufrechte deutsche Mannesstolz, die innige deutsche Naturfreude, Kindlichkeit, Sehnsucht."*[1]

Eine derartige Charakterisierung deutschen Wesens liegt uns modernen Zeitgenossen heute fern. Die Tatsache aber, dass der im 19. Jahrhundert erwachte Nationalgeist durch die äußere Geschichte des deutschen Reiches und Bundes keine ausreichende Nahrung fand, erklärt den Rückzug in die Kunst und Poesie, denen der echteste Zeugniswert beigemessen wurde.

---

1   *HKA I/1*, S. VIII

Mit dem *Taugenichts* liegt aber bis auf den heutigen Tag ein Werk vor, dass als exemplarisches Werk der Romantik gilt, auch wenn es sich um ein Werk der Spätromantik handelt, an dem deutlich werden kann,

- was die romantische Epoche eigentlich ausmacht,
- worin Märchenhaftes besteht,
- was an ihm novellistisch ist,
- worin die Ästhetik und Poesie des Textes beruht,
- welcher Wert ihm literarisch und persönlich beizumessen ist.

Leserinnen und Leser finden sich in einer breiten Tradition und können teilhaben an einem (Liebes-)Glück, das, der reinen Poesie entsprungen, ein Gegengewicht zur Alltagswelt in allen Zeiten, auch in unserer, schafft.

1. Joseph von Eichendorff: Leben und Werk

1.1 Biografie

Jahr	Ort	Ereignis	Alter
1788	Schloss Lubowitz b. Ratibor/ Oberschlesien	Joseph Freiherr von Eichendorff wurde als zweiter Sohn am 10. März auf dem elterlichen Schloss in Oberschlesien in der Nähe der preußischen Stadt Ratibor geboren. Sein Vater Freiherr Adolf Theodor Rudolf von Eichendorff und seine Mutter Karoline, geb. von Kloch, hatten insgesamt fünf Kinder. Zwei Geschwister starben im Kleinkindalter. Mit seinem älteren Bruder Wilhelm stand er seine gesamte Kindheit und Studienzeit in enger Verbindung. Zu seiner jüngeren Schwester Louise hielt er lebenslang guten Kontakt. Kindheit und Jugend waren im dörflich ländlichen Milieu ausgesprochen glücklich und unbeschwert. Da sich das Hausgesinde sowohl aus Polen als auch aus Deutschen zusammensetzte, sprach Eichendorff Polnisch wie seine Muttersprache.	

Jahr	Ort	Ereignis	Alter
1793	Lubowitz	Unterrichtet wurden die Kinder bis 1801 von dem mit Bedacht ausgewählten Hofmeister Bernhard Heinke, damals bereits ein geweihter katholischer Priester, der für die Erziehung der Kinder einen ausgesprochenen Glücksfall darstellte. Über die Hofmeisterjahre hinaus blieb er eine wichtige Bezugsperson für den jungen Joseph von Eichendorff.	5
1799	Karlsbad, Dresden	In seinem Tagebuch erwähnt er eine Reise nach Karlsbad, die über Dresden führte. Besuch des Zwingers dort. Der junge Eichendorff war als Benutzer der Leihbibliothek von Ratibor ein eifriger Leser.	11
1801	Lubowitz	Wegen risikoreicher Spekulationen wird auf Grund von Zahlungsunfähigkeit ein Liquidationsprozess gegen den Vater angestrengt. Die Einnahmen wurden unter staatliche Aufsicht und Kontrolle gestellt. Die Verarmung der Familie zeichnete sich ab. Die Ausbildung der Söhne zu einem Brotberuf wurde unerlässlich.	13

Jahr	Ort	Ereignis	Alter
1801	Breslau	Besuch der Brüder Wilhelm und Joseph des Katholischen Gymnasiums in Breslau mit Unterbringung im angrenzenden Schul- und Universitäts-Konvikt St. Joseph, finanziert vom Bruder des Vaters, Johann Friedrich von Eichendorff. Seine Lehrer bestätigten ihm im Zeugnis 1803 große bis ziemlich große Fortschritte.	13
1803		Ein erstes mit dem Bruder gemeinsam verfasstes Gedicht *Am frühen Grabe unseres Bruders Gustav* wurde veröffentlicht. In Breslau entdeckte Eichendorff seine Liebe zum Theater.	15
1803	Breslau	Nach Abschluss der 6. Klasse Übergang zur Universität Breslau. Propädeutische Studien an der Philosophischen Fakultät.	15
1804	Halle	Wechsel des Studienortes, um ein Jurastudium aufzunehmen. Die Brüder führten ein ausgiebiges Studentenleben. Sie nahmen teil an den provozierten Konflikten der Studenten mit den Bürgern, in der Studentensprache „Philister" genannt. Das Jurastudium wurde zu Gunsten philosophischer Kollegs vernachlässigt.	16

Jahr	Ort	Ereignis	Alter
1805	Hamburg und Harz	Bildungsreise, um Anschauung und ein fundiertes Urteil über Gelesenes zu gewinnen.	17
1806	Lubowitz	Zwischenaufenthalt nach der Niederlage Preußens gegen Napoleon bei Jena und Auerstedt. Napoleon schließt die Universität Halle. Freies gelöstes Leben mit mancherlei Amouren.	18
1808	Heidelberg	Fortsetzung des Studiums. Kontakte zur Romantik (Joseph Görres, Graf von Loeben). Eichendorff nannte Heidelberg „eine prächtige Romantik"[2]. Von Heidelberg aus Bildungsreise nach Paris. Ab Mai über Regensburg, Wien ohne Studienabschluss nach Lubowitz zurück.	20
Ab 1808	Lubowitz	Tätigkeit auf den väterlichen Gütern. Völliger wirtschaftlicher Niedergang. Aufschub des Konkurses wegen eines bestehenden Moratoriums von 1807, das zehn Jahre Zahlungsaufschub gewährte. Nach 1817 Verlust der Besitzungen bis auf das Lehngut Sedlnitz in Mähren, das Eichendorff lebenslang verwaltete, den geringen Gewinn aber mit seinem Bruder und Schwager teilte.	20

---

2   *HKA V/4*, S. 161

Jahr	Ort	Ereignis	Alter
1809	Berlin	Häufiger Gast im Hause des romantischen Staatsphilosophen Adam Müller. Bekanntschaft mit Arnim, Brentano und Heinrich von Kleist. Aufnahme in Berliner Salons (Sophia Sanders). Gegen den Wunsch der Eltern verlobte sich Eichendorff mit Aloysia Anna Viktoria von Larisch (Luise), einer unvermögenden Landadligen, die er herzlich liebte und mit der er später vier Kinder hatte.	21
1810	Lubowitz/ Wien	Rückkehr und Aufbruch im November nach Wien. Fortsetzung des Studiums. Finanzielle Not. Arbeit am Roman *Ahnung und Gegenwart* neben gewissenhaften juristischen Studien. Bekanntschaft mit Wilhelm und Dorothea Schlegel. Freundschaft zu dem Maler Philipp Veit, Sohn Dorotheas aus erster Ehe.	22
1813	Wien	Regulärer Studienabschluss. Ziel war der Eintritt in eine Beamtenlaufbahn. Im April Abreise aus Wien. Zusammen mit Philipp Veit Teilnahme als Freiwilliger am Freiheitskrieg gegen	25

Jahr	Ort	Ereignis	Alter
		Napoleon bei den Lützower Jägern. Da Eichendorff sich die Ausrüstung zu Pferde nicht leisten konnte, blieben beide bei der Infanterie. Für das Kriegshandwerk nicht geschaffen, schied er im gleichen Jahr aus und erhielt im Krieg Österreichs gegen Napoleon einen Platz als Leutnant im schlesischen Landwehrregiment.	
1814	Lubowitz	Ausscheiden aus dem Regiment und Urlaub auf unbestimmte Zeit. Erfolgloses Nachsuchen auf eine Anstellung im Staatsdienst in Berlin.	26
1815	Berlin	Gegen den elterlichen Willen Heirat mit Luise von Larisch, die den ersten Sohn Hermann erwartete (geboren am 30. August). Erneuter Aufbruch in den Krieg, im rheinischen Landwehrregiment Vereinigung mit dem preußischen General Blücher. Mit diesem Einzug in Paris nach dem Sieg über Napoleon bei Waterloo. Luise Larisch bleibt in Berlin zurück. Die Familie des Rechtshistorikers Friedrich	27

Jahr	Ort	Ereignis	Alter
		Carl von Savigny nimmt sich ihrer an. Auf Vermittlung des preußischen Reformers Gneisenau vorübergehende Beschäftigung am Berliner Kriegsministerium, Voraussetzung für die Heirat. In Berlin Kontakte zu intellektuellen Kreisen wie der berühmten und wirtschaftlich und künstlerisch erfolgreichen Familie Mendelssohn. Bei der Rückkehr Napoleons aus Elba Unterbrechung der Tätigkeit im Kriegsministerium. Rückkehr zum Kriegsschauplatz. Auf Grund der wirtschaftlichen Lage hatte Eichendorff in Preußen keine Chance auf Eintritt in den Staatsdienst. Es war üblich, das Referendariat und die darauf folgende Zeit als Assessor unbezahlt abzuleisten. Insofern war der Staatsdienst nur vermögenden Adligen vorbehalten.	
1816	Breslau	Juristische Zulassungsprüfung. Referendarstelle bei der Breslauer Regierung. Anfertigung einer Arbeit zum Problem der Säkularisierung des Kirchenguts	28

Jahr	Ort	Ereignis	Alter
		(seit 1805 gesetzlich verankert). Mit dieser Arbeit erregte er die Aufmerksamkeit des Oberpräsidenten von Münster (Schmedding), der ihn dem Reformer Freiherr Stein zum Altenstein empfahl.	
1820	Danzig	Ratsstelle im Amt eines katholischen Konsistorial- und Schulrats für Kirchen- und Schulangelegenheiten der Provinz Westpreußen.	32
1821	Danzig	Einführung in das Amt. Zuständigkeit für die Bezirksregierung Marienwerder. Vertrauter des liberal gesinnten Oberpräsidenten Schön. Ernennung zum Regierungsrat mit Zuständigkeit für die katholischen Schul- und Unterrichtsangelegenheiten der gesamten Provinz. Volle Inanspruchnahme durch die Tätigkeit. Dennoch: 1822/23 Fertigstellung der Novelle *Aus dem Leben eines Taugenichts.*	33
1824	Königsberg	Umzug nach Königsberg an den Sitz des Oberpräsidenten der neuen Provinz Preußen.	36
1826		*Aus dem Leben eines Taugenichts* erschienen.	38

Jahr	Ort	Ereignis	Alter
1826–29	Königsberg	Entstehung des Historiendramas *Der letzte Held von Marienburg*. Freundschaftliche Beziehungen zum Oberpräsidenten Schön, der Eichendorff wegen seiner Dichtungen sehr schätzte. Sie war ihm „privilegierender Ausweis der Befähigung für ein Staatsamt."[3]	38–41
1820–31	Königsberg	Regierungsrat. Aufgabenbereiche: Aufsicht über das Schulwesen, Neuordnung von Pfarreien und Bistumsgrenzen, Priesternachwuchs, Zivilehe und Mischehe von Partnern unterschiedlicher Konfession u. v. a. m. Er gewann genaue Einblicke in die ungelösten politischen Konfliktlagen Preußens. Als Dichter ebenso wie als Beamter wuchs sein Bekanntheitsgrad auch in Berlin. Er strebte deshalb seine Versetzung in die Hauptstadt an. In Königsberg empfand er sich abgeschnitten von der politischen und kulturellen Elite.	32–43
1831	Berlin	Eichendorff gelang es, eine kommissarische Abordnung nach Berlin zu erhalten. Damit	43

---

3 Hermann Korte: *Joseph von Eichendorff*. Rowohlts Monografie. Reinbek 2000, S. 78

Jahr	Ort	Ereignis	Alter
		begannen 13 Jahre einer provisorischen Existenz, denn er wurde nie förmlich nach Berlin versetzt. In Berlin war er zu Hilfstätigkeiten in verschiedenen Funktionen verpflichtet, Mitentscheidung wurde ihm nicht zugebilligt. Er arbeitete in verschiedenen Ministerien, auch am Oberzensurkollegium, in dem er durch Gesetzesentwürfe immer wieder versuchte, freie Meinungsäußerung anstelle harter Zensur als Polizeiinstrument gegen missliebige Ansichten zu erwirken. Er erfuhr beständige Zurückweisung. Bei einer Gehaltskürzung wandte er sich schriftlich an den König[4], um das ohnehin zu geringe Einkommen für seine Familie zu erhalten.	
1837	Berlin	Erscheinen seines ersten Gedichtbuchs, einer umfangreichen Lyriksammlung. Viele seiner Lieder wurden vertont durch Mendelssohn Bartholdy, Schumann u. a. und fanden große Verbreitung in der Musikkultur des Bürgertums, was den Be-	49

---

4 Eichendorff: Brief vom 8. 12. 1840. *HKA XII*, S. 177 f.

Jahr	Ort	Ereignis	Alter
		kanntheitsgrad Eichendorffs sprunghaft erhöhte.	
1843	Berlin; Danzig	Erstes Pensionierungsgesuch. Reise nach Danzig zur Erfüllung eines Schreibauftrags über die Wiederherstellung der Marienburg. Er fand Unterkunft bei seiner Tochter Therese, die dort mit dem Lehrer Louis Besserer von Dahlfingen verheiratet war. Er blieb mit seiner Frau seither in einer Wohngemeinschaft mit der Tochter, dem Schwiegersohn und deren Kindern Otto und Max.	55
1844	Berlin	Ausscheiden aus dem Staatsdienst.	56
1846/47	Wien	Reise nach Österreich über den Winter. Zusammentreffen mit den Schumanns, Bekanntschaft mit Adalbert Stifter, der später eine Freundschaft zu Louise, der nahe Wien wohnenden Schwester Eichendorffs, entwickelte. Ehrungen durch Wiener Musikvereine.	58
1847	Berlin	Versetzung Besserers an die Kadettenanstalt in Berlin. Umzug der Familien dorthin. Intensive	59

Jahr	Ort	Ereignis	Alter
		Beschäftigung mit der Verwaltung des Gutes Sedlnitz. Schriftstellerei: Übersetzung von Werken des spanischen Dichters Calderón. Eichendorff lebte immer zurückgezogener, er geriet nahezu in Vergessenheit bei Literaturkritikern und Literarhistorikern. Dennoch verkehrte er in einem breiten Kreis von Dichterkollegen und Kulturschaffenden. (Friedrich Carl von Savigny und seine Frau Gunda, Bettina von Arnim, der Maler Peter von Cornelius, der Bildhauer August Kiß und der katholische Politiker August Reichensperger).	
1848	Berlin	Beim Barrikadenkampf in den Straßen Berlins im Revolutionsjahr flüchtet Eichendorff über Meißen und Köthen nach Dresden.	60
1849		Rückkehr nach Berlin.	61
1850/51	Berlin	Häufige Teilnahme an der von Franz Kugler gegründeten (Donnerstags-)Gesellschaft.	62
1855	Neiße	Übernahme des Familienguts Sedlnitz durch den Sohn Rudolf.	67

Jahr	Ort	Ereignis	Alter
		Versetzung des Schwiegersohns nach Neiße. Umzug der Familie und Tod seiner Frau. Der Verlust traf ihn hart und führte ihn immer mehr in die Vereinsamung.	
1856	Neiße	Bekanntschaft mit dem Breslauer Fürstbischof Heinrich Förster. August Aufenthalt in dessen Sommerresidenz Johannesburg. In ihm fand Eichendorff einen Freund und Gesprächspartner seiner letzten Lebensjahre.	68
1857	Schloss Johannesberg bei Jauernig	August bis Mitte September Aufenthalt in der bischöflichen Sommerresidenz. Erkrankung an einer Lungenentzündung und Tod am 26. November. Beisetzung auf dem Friedhof der St. Jerusalemer Kirchengemeinde in Neiße neben seiner Frau Luise.	69

1.2 Zeitgeschichtlicher Hintergrund

Bei der Darstellung des zeitgeschichtlichen Hintergrunds wird es im Wesentlichen um drei Phasen innerhalb der Lebenszeit Eichendorffs gehen.

- Die Französische Revolution und ihre Folgen für die Neuordnung Europas.
- Die Restaurationszeit mit dem Versuch der Wiederherstellung der alten feudalen Ordnung in Europa.
- Der Liberalismus und die Revolution in Deutschland.

Als Eichendorff 1788 geboren wurde, hatte der Nationalkonvent im revolutionären Frankreich sich zur Aufgabe gemacht, die Volkssouveränität sowie die Freiheit und Gleichheit aller Bürger zu sichern. Der König und die Königin Marie Antoinette, eine Tochter der österreichischen Kaiserin Maria Theresia, starben unter der Guillotine, der Dauphin, Sohn des Königspaares, an den Misshandlungen durch die Revolutionäre. Die antifeudalen Ereignisse in Frankreich riefen das übrige Europa auf den Plan, das ab 1792 fünf Koalitionskriege gegen Frankreich führte. Im ersten Koalitionskrieg verbündeten sich u. a. England, Österreich und Preußen gegen Frankreich. Mit der zweiten Teilung Polens (1793) zwischen Russland und Preußen wurde Danzig preußisch. Im zweiten Koalitionskrieg blieb Preußen, das im Siebenjährigen Krieg 1753 Schlesien endgültig dem österreichischen Kaiserhaus abgerungen und die Eichendorffs zu Preußen gemacht hatte, neutral.

1799 gelang es Napoleon, durch einen Staatsstreich die Regierung in Frankreich zu übernehmen.

Im Reichsdeputationshauptschluss von 1803 wurden zahlreiche deutsche Kleinstaaten und freie Reichsstädte v. a. Bayern,

Württemberg und Baden angegliedert. Alle geistlichen Gebiete (z. B. Fürstentümer, Bistümer und Klöster, Abteien) wurden unter weltliche Herrschaft gestellt. Es entstanden neue Fürstentümer und Reichsstädte: u. a. Hessen-Kassel, Baden, Württemberg, Hildesheim, Münster, Paderborn, Erfurt, Werden und Quedlinburg, Mühlhausen, Nordhausen und Goslar. Diesem Faktum widmete Eichendorff seine Prüfungsarbeit zur Anerkennung

Eichendorffs Prüfungsarbeit

seines Wiener juristischen Studienabschlusses in Preußen, mit der er sich große Aufmerksamkeit des Oberpräsidenten von Münster erschrieb, der seine feinsinnige Intelligenz erkannte und hervorhob.

Nachdem sich Napoleon 1804 zum Kaiser der Franzosen hatte krönen lassen, überzog er Europa mit weiteren Kriegen, um die Vormachtstellung Frankreichs zu sichern. Es folgte 1803–1805 der dritte Koalitionskrieg, in dem Preußen erneut neutral blieb. Die Niederlage der Koalition in der Drei-Kaiser-Schlacht von Austerlitz brachte 1806 als politische Folge das Ende des Heiligen Römischen Reichs Deutscher Nation unter der Führung der Habsburger Kaiser, die sich fortan nur noch Kaiser von Österreich nannten.

Seine Neutralitätspolitik hatte Preußen beträchtlichen Territorialgewinn gebracht, doch das Blatt wendete sich durch eine zwielichtige Politik Napoleons, so dass Preußen seine Neutralität aufgab und sich im vierten Koalitionskrieg gegen Napoleon stellte. Die Doppelschlacht von Jena und Auerstädt 1806 ging verloren, auch die Russen konnten keinen Sieg erringen, auch sie schlossen 1807 einen Frieden mit Napoleon.

Doch der Widerstand der europäischen Staaten gegen Napoleon, der sich zum Herrscher in Europa aufschwang, formierte sich. Die Erhebung Spaniens und Österreichs (fünfter Koalitionskrieg 1809), der russische Feldzug (1812), die Befreiungskriege (1813–15), zu deren Teilnahme Eichendorff sich aufgerufen sah, und die Niederlage Napoleons in der Völkerschlacht bei Leipzig rieben die französischen Kräfte auf. Napoleon wurde nach Elba verbannt, kehrte noch einmal für hundert Tage nach Paris zurück, um dann endgültig von der politischen Bühne zu verschwinden.

Reformen

Die Fremdherrschaft hatte deutlich gemacht, dass der Struktur des alten feudalen Preußens keine Zukunft beschieden war. Führende Köpfe (vom Stein, Hardenberg) hatten daher mit einem Reformwerk begonnen, dass die Untertanen aus der Dulderrolle in die Rolle der Mitverantwortung überführen sollte. Es kam zur Bauernbefreiung aus der Leibeigenschaft, zur Heeresreform und zur Neuordnung der Städte. Bildungsreformen führten zur Gründung der Universität Berlin, an der führende liberale Köpfe (Fichte, Schleiermacher, Wilhelm von Humboldt) lehrten. Der Aufhebung des Zunftwesens folgte die Einführung der vollen Gewerbefreiheit.

Restauration

Die Niederlage Napoleons führte aber auch zu Restaurationsbestrebungen. Zum entscheidenden Baumeister der Restauration wurde der österreichische Staatskanzler Clemens Wenzel Fürst von Metternich (1773–1859). Grundgedanke war die Wiedereinsetzung der Fürsten in ihre alten Rechte, Wahrung des Gleichgewichts der Mächte und Solidarität der Fürsten gegen jedwede revolutionäre Störung im sozialen und politischen Gefüge. Garantie für die Restauration war die Gründung der Heiligen Allianz, ein Bund der Brüderlichkeit zwischen dem russischen Zaren, dem preußischen König und dem österreichischen Kaiser. Die Fürsten sollten sich als Familienväter im Sinne des monarchischen Prinzips verstehen.
Hier wurde das Rad der Geschichte zurückgedreht.

Bald aber regten sich liberale und nationale Widerstände gegen die Restauration. Zwischen 1814 und 1830 wurden Landesverfassungen in Mittel- und Süddeutschland durchgesetzt. Auf dem Hambacher Fest des süddeutschen radikalen Liberalismus (1832) plädiert der Redakteur Dr. Wirth für die „Vereinigten Freistaaten Deutschland" und „ein konföderiertes republikanisches Europa". Der Bundestag verbot politische Vereine, Volksversammlungen und Kundgebungen. Eichendorff reagierte auf solche Maßnahmen mit einer Satire unter dem Titel *Auch ich war in Arkadien*, postum erschienen. Als 1833 König Ernst von Hannover die Verfassung aufhob, kam es zum Entrüstungssturm Göttinger Professoren (Göttinger Sieben), die kurzerhand ihres Amtes enthoben wurden.

Eichendorff, dem liberalen Gedankengut nahe stehend, war jedoch auf Grund seines Beamteneids auf den preußischen König stets loyal. Beim Regierungsantritt des neuen preußischen Königs Friedrich Wilhelm IV., des Romantikers auf dem Thron, verfasste er die Begrüßungsrede des Oberpräsidenten von Schön anlässlich eines königlichen Besuchs in Ostpreußen.

Dass die demokratische Bewegung und der Liberalismus immer fundamentalere Züge annahmen, war nicht mehr zu verbergen. Industrialisierung und in ihrem Gefolge soziale Not und Hungerepidemien, wie beispielsweise unter der Landbevölkerung Oberschlesiens, führten zu Aufständen, von denen der schlesische Weberaufstand 1847 größte Aufmerksamkeit und Anteilnahme unter den Intellektuellen (Heine, Freiligrath, Weerth) erregte. Im März 1848 kam es zu Revolutionen und Barrikadenkämpfen in Preußen und Österreich. Wahlen zur Deutschen Nationalversammlung und deren Zusam-

Der schlesische Weberaufstand

Nationalversammlung in der Frankfurter Paulskirche

mentritt in der Frankfurter Paulskirche erfolgten im Mai. Die Paulskirchenverfassung wurde jedoch von Friedrich Wilhelm IV. abgelehnt, er verlegte sich auf die Unterdrückung der Aufstände mit militärischer Gewalt und oktroyierte Preußen 1850 eine Verfassung, die ein Dreiklassenwahlrecht vorsah und die preußischen Einigungsbemühungen vorerst zunichte machte. Der Deutsche Bund wurde 1850 von Fürst Schwarzenberg wiederhergestellt. Erzherzog Johann von Österreich, vom deutschen Bundestag zum Reichsverweser gewählt, konnte sich weder im Ausland noch in den deutschen Einzelstaaten durchsetzen.

Auf solch wechselvolle Geschichtsphasen hat der Spätromantiker Joseph von Eichendorff als Katholik in katholischen Angelegenheiten direkt reagiert, wenn er beispielsweise als Vorstandsmitglied und ministerieller Sachbearbeiter einen Aufruf in der *Allgemeinen Preußischen Staatszeitung* für den Berliner Verein für den Kölner Dombau formulierte oder Streitschrif-

Streitschriften

ten gegen den in Schlesien entstandenen *Deutschkatholizismus* verfasste. Als sensible „Hilfskraft" in einer Reihe preußischer Ministerien kannte er die Problemlage, wenngleich ihm direkter politischer Einfluss versagt blieb. Sein Ausscheiden aus dem Staatsdienst hat ihn in die Lage versetzt, den Rückzug anzutreten in die familiäre *Trösteinsamkeit*[5].

---

5   Brief an Schön vom 21. Juli 1854. *HKA XII*, S. 335

1.3 Angaben und Erläuterungen zu wesentlichen Werken

Das Werk Joseph von Eichendorffs ist recht umfangreich. Es ist daher unmöglich, auf alle wesentlichen Werke auch nur kurz einzugehen. Im Bewusstsein der Leser ist Eichendorff in erster Linie der Lyriker der Spätromantik schlechthin, verdanken wir ihm doch viele Gedichte, die großen Bekanntheitsgrad und Gebrauchswert bis auf den heutigen Tag erlangt haben. Aus der zweiten Hälfte des 19. Jahrhunderts stammen um fünftausend Vertonungen, es wundert daher nicht, dass viele seiner Lieder Volksliedcharakter erhalten haben. Es entsprach der Dichtungstheorie der Romantik, Mannigfaltigkeit in der Einheit anzustreben und die unterschiedlichen Gattungen zu vermischen, so finden wir in den Romanen und Novellen Eichendorffs viele seiner Lieder wieder. Im *Taugenichts* stehen so bekannte Lieder wie: *Wem Gott will rechte Gunst erweisen; Wohin ich geh und schaue; Schweigt der Menschen laute Lust; Wer in die Ferne will wandern; Wenn ich ein Vöglein wär; Nach Süden nun sich lenken / Die Vöglein allzumal.* Die erste Sammelausgabe seiner Gedichte erscheint 1826 als Anhang zu den zusammengebundenen Novellen *Aus dem Leben eines Taugenichts* und *Das Marmorbild.* 1837 wurde eine erste Ausgabe seiner Gedichte veröffentlicht. Der erste Band seiner vierbändigen Werkausgabe von 1841 ist ebenfalls ein Gedichtband.

Lieder und Lyrik

Die Novellen *Aus dem Leben eines Taugenichts* und *Das Marmorbild* (1819 im *Frauentaschenbuch* erstmals erschienen) haben ebenfalls großen Bekanntheitsgrad erreicht. Eichendorff gestaltet die im Menschen angelegte Sehnsucht nach dem Paradies, das mit

Das Marmorbild

der schönen alten Zeit verloren gegangen ist. Florio, ein junger Dichter, begegnet auf einer Reise nach Lucca dem Sänger Fortunato und dem Ritter Donati, welche die erlösende und die dämonische Kraft der Poesie symbolisieren. Florio verfällt dem Zauber eines marmornen Venusbildes, dessen Anblick im nächtlichen Garten eine unbestimmte Sehnsucht in ihm weckt. Auf der Suche nach ihrer Erfüllung gerät er im Garten der Venus in den Bann dämonischer Liebe. Sie tritt ihm in der Maske seiner reinen Geliebten Bianka entgegen. Donati führt ihn in den Palast der Göttin und nur das in der Ferne erklingende Lied Fortunatos bewahrt Florio davor, dass er dem dämonischen Zauber der Venus verfällt. Florios Gebet „Herrgott, lass mich nicht verloren gehen in der Welt!" durchbricht den heidnischen Zauber. Er kehrt in den hellen Morgen zurück und erkennt in dem Knaben, der ihn und Fortunato auf ihrer Reise begleitet, Bianka, die Bestimmung seines Lebens. Die Novelle thematisiert die Gefährdung des Menschen, aber vor allem des Künstlers, der sich trotz aller Gefahren dem Zauber einer poetischen Existenz nie ganz entziehen kann.

Ahnung und Gegenwart

Im Roman *Ahnung und Gegenwart,* erschienen 1815, – der Titel stammt von Dorothea Schlegel –, beginnt der junge Graf Friedrich am Ende seiner Studienzeit eine große Wanderung. Auf ihr werden ihm die verschiedenen Aspekte des Lebens deutlich. Er begegnet auf einer Schiffsreise auf der Donau dem Mädchen Rosa und findet in ihrem Bruder Leontin einen echten Freund. Ein Mädchen folgt ihm als Knabe Erwin auf seiner Wanderung und hält ihm die Treue. Von der Sinnlichkeit der Gräfin Romana fasziniert, verliert er Erwin aus den Augen. Als er nach Monaten an den Ausgangspunkt seiner Wanderung zurückkehrt, trifft er auf den sterbenden Erwin und erfährt erst jetzt, dass er in Wirklichkeit ein Mädchen ist. Er zieht nun in den Krieg, verliert sein Vermögen und will sich in ein Kloster zurückziehen. Nun enthüllen sich ihm die Fäden, die sein Leben schicksalhaft durchwoben haben. Erwin war in Wirklichkeit die Tochter seines Bruders Rudolf und der Italienerin Angelina, angeblich schon im Kindesalter verstorben. Nun kehrt Friedrich am Ende seiner Reise in das Schloss zu seinen Ursprüngen zurück. Im Rückzug aus der Welt erreicht er eine neue Bewusstseinsstufe. Ahnung und Gegenwart haben sich zu einem nahtlosen Ring gefügt. Der Roman schließt mit dem Bild des Anfangs: „Die Sonne ging eben prächtig auf." Die Grundstimmung des Romans ist schmerzlich, resignierend und melancholisch. Die locker gereihten Episoden spielen in einer Wald- und Gebirgslandschaft, deren Urbild wohl in der Donaulandschaft liegt. *O Täler weit, o Höhen* ist eines der Lieder dieses Romans.

Eichendorffs Musterbeispiel eines romantischen Romans trägt den Titel *Dichter und ihre Gesellen,* 1834 erschienen. In ihm vereinigt der

Dichter und ihre Gesellen

Dichter noch einmal alle Stilmittel der Romantik. Er fügt Lieder, Romanzen und Lyrik in die Erzählung ein. Die Schauplätze wechseln häufig, Handlungsstränge werden aufgenommen und fallen gelassen. Rom erscheint als efeuumrankte Fantasiestadt. Deutschland ist eher der deutsche Wald. Schauplätze des Romans sind Schlösser und Burgen und idyllische Plätze. Alle Gesellschaftsschichten und die unterschiedlichsten Menschentypen sind in ihm vertreten. Eichendorff will mit seinem Roman die Möglichkeiten, aber auch die Gefahren von Zerrissenheit und Zwiespalt, Verzweiflung und Tod zeigen, denen der Dichter als prophetische Natur ausgesetzt ist.

Das Schloss Dürande gilt als Werk des politischen und sozialen Bekenntnisses Eichendorffs. In dieser Erzählung, erschienen 1837, gerät

Das Schloss Dürande

eine freie unbedingte Liebe in Widerspruch zu den Normen des feudalen Gesellschaftssystems. Die echte, unverbrüchliche Liebe des Grafen Hippolyt von Dürande zu der bürgerlichen Waise Gabriele fällt den Vorverurteilungen ihres Bruders Renald zum Opfer, der schließlich auf Grund von Missverständnissen und Fehlurteilen an der Spitze eines verwahrlosten Haufens das Schloss Dürande anzündet und die Menschen tötet, die eigene Schwester, als Doppelgängerin Hippolyts verkleidet, eingeschlossen. Als er die Reinheit der Liebe und die Unermesslichkeit seines Irrtums erkennt, wählt er den Freitod. Die Gewalt der gesellschaftlichen und geschichtlichen Ereignisse hat Einzug genommen in die Poesie Eichendorffs. Die Schönheit der Natur schimmert nur noch als Reflex einer versunkenen besseren Zeit auf. Nicht Zeitvergessenheit, sondern Reaktion auf das Zeitgeschehen bestimmen und verändern den Darstellungsstil des Dichters.

Reihe von Satiren

In einer Reihe von Satiren, u. a. (*Krieg den Philistern,* 1824 erschienen, und *Auch ich war in Arkadien,* 1832 entstanden und 1866 erschienen) hat Eichendorff sich mit seiner Zeit ironisch auseinander gesetzt. Große Verbreitung hat sein Werk zu seinen Lebzeiten nicht gefunden, was ihn, der in permanenten Geldsorgen lebte, zu bissigen und ironischen Bemerkungen herausgefordert hat. Auftragsarbeiten sicherten ihm dabei schon eher die eine oder andere Zuwendung, er nahm sie deshalb an. So die *Geschichte der Wiederherstellung der Marienburg* (1847) und *Geschichte der poetischen Literatur Deutschlands* (1856), ein Auftrag des Paderborner Verlegers Ferdinand Schöningh, beklagt sich aber bei Letzterem über die Säumigkeit bei der Bezahlung des vereinbarten Honorars.

2. Textanalyse und -interpretation

2.1 Entstehung und Quellen

Über die Entstehung des *Taugenichts* ist wenig Zuverlässiges bekannt. Im Gegensatz zu anderen Werken hat Eichendorff relativ lange an der Märchennovelle gearbeitet. Der früheste Hinweis auf das Werk stammt vom Oktober 1817, nämlich die Notiz „den *Taugenichts* fertig machen", und aus der gleichen Zeit stammt die Notiz „Jetzt früh immer, wie ich gerade Lust habe, mein *Marmorbild* abschreiben und den *Taugenichts* beenden".[6] Es ist allerdings nicht so, dass der Text zu dieser Zeit weit gediehen wäre, vielmehr bezieht sich die Aussage wahrscheinlich auf den frühesten Entwurf zum zweiten Kapitel. Dieser Entwurf erschien als Journaldruck mit dem Titel *Ein Kapitel aus*

Entwurf

dem Leben eines armen Taugenichts im Sommer 1822 in Berlin und vom 26. September bis 7. Oktober 1823 in den *Deutschen Blättern* in Breslau. Der in diesem Organ veröffentlichte Text entspricht im Wesentlichen einem zweiten handschriftlichen Entwurf Eichendorffs[7], den Polheim in die Nähe des Jahres 1823 datiert. Die Handschrift trägt den Titel *Der neue Troubadour*. Diese in Breslau gedruckten Kapitel bilden die ersten beiden Kapitel der Novellenfassung, die 1826 in Buchform zusammen mit der Novelle *Das Marmorbild* vorgelegt worden ist. Wie weit der *Taugenichts* 1823 über die abgedruckten Kapitel hinaus gediehen war, ist unbekannt. Bekannt ist, dass Eichendorff erst in der endgültigen Fassung des Textes die „schöne gnädige Frau" dem Adelsstand enthoben hat, so dass

---

6 Zitiert nach Polheim Karl Konrad: *Text und Textgeschichte des „Taugenichts"*. Eichendorffs Novelle von der Entstehung bis zum Ende der Schutzfrist. 2 Bde., Tübingen 1989, Bd. 2, S. 22

7 Karl Konrad Polheim: *Neues vom „Taugenichts"*. In: Aurora 43 (1983), S. 43

sie für den Helden seiner Novelle zur Glückserfüllung werden konnte.

Handschriftenvergleich

Durch Handschriftenvergleich ist Karl Konrad Polheim[8] zu neuen Erkenntnissen gelangt. Eine besagt, dass Eichendorff in der Tat Jahre verstreichen ließ, ehe er seinen in zwei Kapiteln bereits veröffentlichten Entwurf zu Ende bringt. Das Problem war, die Novelle zu einem stimmigen Ende zu führen, ohne den Plan der echten Gräfin aufzugeben. Die Idee, die „schöne gnädige Frau" zur Nichte des Portiers zu machen, scheint 1817 Gestalt gewonnen zu haben.

Zwei weitere Feststellungen Polheims sind erwähnenswert. Auf Grund der Eigenheit von Eichendorffs Strophenanordnung zieht er die Möglichkeit in Erwägung, das erste Lied im *Taugenichts, Wem Gott will rechte Gunst erweisen,* in anderer Strophenabfolge zu lesen. Das Ergebnis wäre eine Vertauschung der Strophen zwei und drei. Die Strophe mit „Die Trägen, die zu Hause liegen" wäre demnach die dritte Strophe des Liedes. Daraus ergäbe sich dann auch eine andere, geschlossenere Form der Interpretation dieser lyrischen Einlage. Das Lied *Wohin ich geh und schaue* (13, 20 ff.) bestätigt den

Titel des Entwurfs *Der neue Troubadour*

Titel des handschriftlichen Entwurfs *Der neue Troubadour*. Das Lied rückt die Frau in die Nähe der verehrten, aber für den Verehrer unerreichbaren Herrin im Minnesang, die „hohe frouwe" Walthers von der Vogelweide zum Beispiel entspricht der „hohen Frau" des Liedes. Eichendorff hebe darüber hinaus seine „schöne gnädige Frau" in die Unerreichbarkeit, indem er sie mit der Gottesmutter vergleiche. Dafür liefert das zweite Kapitel entsprechende Belege: Seine schöne junge Frau wird mit einer Lilie in Händen ins

---

8   Ebd. S. 32–54

Bild gesetzt und mit einem Engel verglichen, der durch den blauen Himmelsgrund zieht (12, 32 f.). Hier findet sich die Bestätigung dafür, dass Eichendorff zunächst eher an eine platonische als an eine erotisch erfüllte Liebe gedacht hat. Unter dem Schutz Gottes, der in Szenen möglicher Verführungen unmittelbare Erwähnung findet, gelingt es dem Taugenichts durchgängig, erotischen Verführungen standzuhalten. Polheim entdeckt dafür im Text drei Belege, in sich gesteigerte Versuchungen. Das Bauernmädchen im Dorf B., die Schlafende hinter der angelehnten Tapetentür im Schloss in den Bergen und die italienische Gräfin. Im Schutz und in der Gunst Gottes entgeht der Taugenichts diesen Versuchungen, um am Ende dem Glück seiner Träume zugeführt werden zu können. Weitere Hinweise zur Datierung sind dem Text selbst entnommen worden.

Hinweise zur Datierung

Der Text des Liedes „Wir bringen dir den Jungfernkranz" (94, 19 ff.) entstammt der Oper *Der Freischütz* von Carl Maria von Weber. Sie wurde im Juni 1821 in Berlin uraufgeführt, und vom „seligen Hoffmann" konnte Eichendorff erst nach dessen Tod am 25. Juni 1822 sprechen. Die Fertigstellung des *Taugenichts* ist in einem Brief an Julius Eduard Hitzig belegt, dem er am 8. Oktober 1825 aus Königsberg berichtet, dass er den *Taugenichts* zusammen mit dem *Marmorbild* und Gedichten einem Freund mit auf den Weg gegeben habe. Dies ist die Vorlage für 1826, erschienen in der Vereinsbuchhandlung Berlin. 1841 nahm Eichendorff den *Taugenichts* in den vierten Band seiner *Werke* auf.

Die Ausgaben und Auflagen des *Taugenichts* übertreffen die anderen Eichendorff'schen Werke in Auflagenhöhe und Zahl um das Anderthalbfache. Er ist auch der meistübersetzte Text des spätromantischen Dichters und hat unter allen Werken der Romantik die größte Wirkung erzielt.

2.2 Inhaltsangabe

Wesen und Eigenart der Erzählung Eichendorffs *Aus dem Leben eines Taugenichts* können durch eine Inhaltsangabe kaum erfasst werden. Dennoch soll hier der Versuch gemacht werden, das eher handlungsarme kleine Werk in seinen Hauptzügen, die eher Episoden und Situationen darstellen, nachzuzeichnen. Eichendorff gliedert es zwar in 10 Kapitel, die sich dem Leser einprägende Struktur ist aber im Wesentlichen bestimmt durch Aufbrüche und Ankünfte sowie von den eingestreuten, inzwischen durch ihren Bekanntheitsgrad zu Volksliedern stilisierten Gedichten.

1. Kapitel:

Aufbruch aus der Mühle und Aufnahme als Gärtnerbursche im Schloss

Die Erzählung setzt ein im Frühling in der väterlichen Mühle, in der der Held, wenig später vom eigenen Vater als *Taugenichts* apostrophiert, von diesem aufgefordert wird, die Mühle zu verlassen und in der Welt sein Glück zu suchen. Der Vater sieht sich nicht mehr in der Lage, den Faulenzer durchzufüttern. So bricht er mit seiner Geige, die er „recht artig spielte" (5, 23 f.), fröhlich und wohlgemut, ohne ein bestimmtes Ziel vor Augen, auf und entfernt sich singend und musizierend auf der Landstraße aus dem Dorf.

Kurz darauf holt ihn eine Kutsche ein, in der zwei Frauen, eine ältere und eine junge schöne Frau, fahren. Da die beiden von seinem Spiel und Gesang entzückt sind, fragen sie ihn nach seinem Ziel, worauf er „dreist" (6, 30) W.[9] als Zielort angibt. Die Frauen laden ihn ein mitzufahren und weisen ihm

---

9   Aus dem nachfolgenden Text geht klar hervor, dass Eichendorff hier Wien vor Augen hat. Siehe auch 26, 34.

den hinteren Wagentritt als Platz zu, denn auch ihre Reise führt sie in die Nähe von Wien. Taugenichts nimmt das Angebot an, er freut sich über sein Glück, bemerkt aber gleichzeitig den Verlust der Annehmlichkeiten des Daseins in der Mühle und in seinem Dorf. In der Mittagshitze setzt er sich auf den Wagentritt und schläft ein. Als er erwacht, steht die Kutsche still. Die Pferde sind ausgespannt, die Fahrgäste ausgestiegen und der Held findet sich vor der Freitreppe zu einem Schloss in einem Park mit Blick auf die Türme der Stadt Wien wieder. Erschreckt begibt er sich ins Schloss, wo er den Portier, Bedienstete und eine Kammerjungfer trifft, die ihm im Namen der gnädigen Herrschaft Bleibe und Arbeit als Gärtnerbursche anbietet. Bald erscheint auch der Gärtner, der ihn, weil er zu allem „Ja" sagt, mitnimmt und bei sich beschäftigt. Doch wann immer möglich, entzieht er sich der Arbeit, denkt an sein Dorf und an die schöne Frau aus der Kutsche, die er häufiger im Garten aus einiger Entfernung bewundern kann. Als er sie in einem Gartenhaus bemerkt, nimmt er wahr, dass sie auf sein Singen aufmerksam geworden ist. Kurze Zeit später wird ihm durch die Kammerjungfer von der „vielschöne(n) gnädige(n) Frau" (9, 35) eine Flasche Wein übergeben, was ihn zu freudigem und lang anhaltendem Geigenspiel, Gesang und zum Nachdenken über den eigenen Lebenswandel anregt. Auf seinen frühmorgendlichen Gängen durch den Garten sucht er immer wieder ihr Schlafzimmerfenster auf und versucht, im Gebüsch verborgen, sie bei ihrer Morgentoilette zu beobachten. Doch nach einigen Tagen wird er von ihr bemerkt, und sie kommt nicht mehr ans Fenster. Nur die andere Dame ist weiterhin zu sehen und diese erscheint ihm nun „recht rot und dick (...) und hoffärtig anzusehen." (11, 22 f.) Die schöne Frau, wie er sie im Stillen nennt, kommt nicht mehr in den Garten, und er sieht sie erst an einem Sonntagnachmittag wieder, an dem sie in einer Gruppe adliger junger Menschen mit der älteren gnädigen Frau und der Kammerjungfer am Fluss erscheint. Hier hat der Gärtnerbursche einsam den Nachmittag verbracht und traurig in einem Kahn auf dem Wasser geschaukelt, während die anderen jungen Burschen zum Tanz in die Stadt gegangen sind. Nun wird er aufgefordert, die Gruppe ans andere Ufer zu fahren. Während dieser Fahrt kommt ihm die schöne Frau, die eine Lilie in Händen hält und unverwandt ins Wasser schaut, engelsgleich vor. Zum Gesang von der älteren Dame aufgefordert und von der schönen Frau angelächelt, singt er das Lied von „einer viel schönen Fraue" (13, 13). Am anderen Ufer angekommen, verlässt die Gesellschaft den Kahn, und auch die schöne Frau geht, ohne etwas zu sagen. Als die Gesellschaft hinter den Büschen verschwunden ist, überkommt den Taugenichts eine große Traurigkeit und weinend wirft er sich ins Gras.

2. Kapitel:

Zolleinnehmer im Schloss

Im zweiten Kapitel wird der Leser mit dem Zollhäuschen bekannt gemacht, das im Schlossgarten nahe der Straße zur Stadt liegt. Der Zolleinnehmer ist gerade gestorben und der Taugenichts wird vom Schlossschreiber zum Amtmann beordert, der ihm eröffnet, dass die gnädige Herrschaft ihn „in Betrachtung Seiner guten Aufführung und besondern Meriten" (15, 14 f.) zum neuen Zolleinnehmer bestimmt hat. Er bezieht daher das Zollhäuschen und übernimmt nicht nur das Amt, sondern wird mit den diversen Tabakspfeifen, der Schlafmütze, den grünen Pantoffeln, dem prächtigen roten Schlafrock mit den gelben Punkten des alten Zolleinnehmers dessen genaues Abbild. Tabak rauchend sitzt er auf dem Bänkchen vor dem Haus und nimmt sich vor,

„alles Reisen zu lassen" und „Geld zu sparen" (16, 5 f.). Da er aber über all seinen neuen Plänen die schöne Frau nicht vergisst, verwandelt er den Gemüsegarten des Zollhäuschens in einen Blumengarten. Der Portier des Schlosses, den er inzwischen als seinen „intime(n) Freund" (16, 14 f.) ansieht, hält ihn für verrückt, aber von nun an bindet er jeden Tag einen frischen Blumenstrauß, den er am Abend, über die Gartenmauer steigend, auf einen steinernen Tisch in einer Laube ablegt. Jedes Mal, wenn er mit einem neuen erscheint, ist der alte Strauß abgeholt. An einem Abend nach einer Jagd der Herrschaft sieht er die schöne Frau auf einem Pferd in der Allee und erkennt, dass sie die Blumen vom Vortag an ihre Brust geheftet hat. Verwirrt reicht er ihr den neuen Strauß mit den Worten: „Schönste gnädige Frau, nehmt auch noch diesen Blumenstrauß von mir, und alle Blumen aus meinem Garten und alles, was ich habe. Ach könnt' ich für Euch ins Feuer springen!" (18, 5 ff.) Sie nimmt den Strauß verlegen und verschwindet, ohne etwas gesagt zu haben. Von nun an gefällt ihm die Existenz als Steuereinnehmer nicht mehr. Die Zahlen verwirren sich ihm und werden zu den ihn umgebenden Gestalten. Die schlanke Eins wird zum Inbegriff der schönen Frau. Das Sitzen vor der Tür wird ihm langweilig und der Gedanke, fortzugehen, meldet sich gelegentlich. Die Blumen, die er weiterhin auf dem steinernen Tisch ablegt, werden seit seinem Erlebnis mit der schönen Frau nicht mehr abgeholt. Er findet sie verwelkt vor, und so wuchert das Unkraut wieder in seinem Garten.

Da erscheint die Kammerjungfer bei ihm und bestellt für ihre gnädige Frau Blumen. Sie will auf dem bevorstehenden Maskenfest im Schloss, das zu Ehren der Rückkehr des gnädigen Herrn stattfinden soll, als Gärtnerin auftreten. Die frischen Blumen aus seinem Garten soll er am Abend unter dem Birnbaum im Schlossgarten übergeben.

Freudig und schwungvoll jätet er seinen Garten und sammelt alle Blumen in einen Korb, mit dem er bei Anbruch der Nacht zur verabredeten Stelle geht. Aus dem Schloss hört er die Musik des Tanzfestes, und um mehr von dem Trubel sehen zu können, besteigt er mit seinem Korb den Birnbaum. Als er Stimmen unter dem Baum flüstern hört, wird er aus seinen Gedanken gerissen. Die Kammerjungfer und eine Dame mit einer Maske sind angekommen. Aber es ist ihm, als sei nicht die schöne junge Frau dort unten, sondern die „andere ältere gnädige Frau!" (23, 7) Die Vermutung bestätigt sich etwas später, als sie die Maske entfernt. Die Blumen aber werden nicht übergeben und er, der Zolleinnehmer, wird ein „Lümmel" genannt, der „gewiss irgendwo hinter einem Strauche liegt und schläft." (23, 31) Die Damen kehren zum Fest zurück, und er sieht von seinem Baum aus seine schöne junge gnädige Frau mit dem gnädigen Herrn auf den Balkon treten „in ganz weißem Kleide, wie eine Lilie in der Nacht" (24, 25 f.), um ein Ständchen der Dienerschaft entgegenzunehmen. Ihm dämmert, dass nicht sie, sondern „die Tante" (25, 4) die Blumen bestellt haben muss, und der Gedanke, dass die Schöne schon lange verheiratet ist und gar nicht an ihn denkt, setzt sich in ihm fest. Als er in der Morgendämmerung endlich vom Baum heruntersteigt, packt ihn seine „ehemalige Reiselust" (25, 34) wieder. Er kehrt in sein Häuschen zurück, nimmt seine fast vergessene Geige von der Wand, lässt alle Utensilien des Zolleinnehmers zurück und verlässt singend und musizierend das Schloss und zieht auf der nächstbesten Straße „gen Italien" (27, 3).

3. Kapitel:

Bei der ersten Begegnung mit einem Bauern, der sich auf dem sonntäglichen Kirchgang befindet, fällt ihm ein, dass er den Weg nach Italien erfragen

Aufbruch nach Italien und Bekanntschaft mit den Malern Leonhard und Guido

sollte. Doch der Bauer weist ihn unfreundlich zurück, was dem Taugenichts missfällt. Da er unschlüssig ist, was nun zu tun sei, tritt er in einen Garten neben der Straße ein, legt sich unter einen Apfelbaum, denkt an die schöne gnädige Frau und träumt in den Morgen hinein. Im Traum wähnt er sich mit der schönen Frau in seines Vaters Mühle. Doch sein Erwachen ist unsanft. Derselbe Bauer steht neben ihm und weist ihn unter groben Verdächtigungen aus dem Garten. Fluchtartig verlässt er diesen und läuft weiter. Sein Weg führt ihn durch einen schönen Wald, der ihn zu Geigenspiel und Gesang verlockt, in ein von Bergen umschlossenes Wiesental, wo er einen Hirten melancholisch die Schalmei blasen hört, und endlich auf einen Dorfplatz mit einem Wirtshaus, wo sich Kinder und junges Bauernvolk im Tanz vergnügen. Auch er spielt mit seiner Geige auf. Als ihm dafür aber ein Geldstück geboten wird, weist er dies zurück, während er den Trunk Wein, der ihm von einem schmucken Mädchen gereicht wird, annimmt. Wenig später spricht ihn dies Mädchen an, überreicht ihm eine Rose und will ihn mit dem Hinweis auf ihren sehr reichen Vater überreden, als Musikant im Dorf zu bleiben. Aber die Begegnung wird durch das polternde Auftauchen eines Betrunkenen unterbrochen. Taugenichts erwägt Möglichkeiten, die ihm die schöne Tochter des reichen Vaters eröffnen könnte, ist aber in Gedanken doch wieder zur Mühle und der schönen gnädigen Frau zurückgekehrt, als er zwei Reiter auf sich zukommen sieht. Es stellt sich heraus, dass sie sich auf dem Weg ins Dorf B. verirrt haben. Sie wollen von ihm dorthin geführt werden. Weil auch er den Weg nicht kennt und Prügel von den jungen Herren fürchtet, führt er sie auf gut Glück in den Wald hinein. Zwischen Angst und Freude ist er hin- und hergerissen, denn es drängt sich ihm der Gedanke auf, an Spitzbuben geraten zu sein. Doch dann wird er von einem der Reiter angesprochen und als Zolleinnehmer erkannt. Es stellt sich heraus, dass sie, die Maler Leonhard und Guido, häufig als Gäste im Schloss gewesen sind und sich nun auf einer Reise nach Italien befinden. Nach einem Picknick im Freien setzen die drei am nächsten Morgen gemeinsam den Weg fort, die Maler auf ihren Pferden, während Taugenichts frisch und fröhlich nebenher marschiert.

4. Kapitel:

Fahrt durch die Lombardei mit den beiden Malern Leonhard und Guido und Trennung von den Reisegefährten

Danach geht es weiter in der Kutsche, denn im Dorf B. hat ein stattlicher Herr im grünen Flauschrock die Herren Maler vor das Posthaus geführt, wo sie in eine Kutsche mit einem Postillon umgestiegen sind. Der Maler Leonhard hat den Taugenichts mit neuen Kleidern ausstaffiert, in denen er recht schön aussieht, die aber viel zu groß für ihn sind. Dennoch fühlt er sich auf der Fahrt durch die Lombardei sehr wohl. Er sitzt auf dem Kutschbock neben dem Postillon und betrachtet die vorbeifliegende Landschaft mit großem Entzücken. Den Maler Leonhard bekommt er nicht zu Gesicht, Guido richtet manchmal aus der Kutsche ein paar Worte an ihn. Doch bald befällt ihn eine anhaltende Müdigkeit, so dass er in ein „unaufhaltsames Schlafen" (41, 19), verfällt das er nur durch Essen und Trinken in einem Wirtshaus unterbricht, während sich seine beiden Begleiter die Speisen in der Kutsche servieren lassen. Bei einem solchen Wirtshausaufenthalt kommt er mit einem wunderlichen Männlein in einem altmodischen Aufzug, einem buckligen Menschen mit einem großen Kopf, ins Gespräch. Da er ihn aber nicht versteht – sie befinden sich in der Lombardei – trennt er sich von ihm und beobachtet draußen in der warmen Sommernacht Herrn Guido, wie er auf den Balkon hinaustritt und zu seinem Zitherspiel ein Lied singt. Danach schläft er auf einer Bank ein. Nach ein paar Stunden weckt ihn ein Posthorn. Da er keinen der beiden Maler sieht, entschließt er sich, sie vor Ankunft der Postkutsche zu wecken, doch er muss feststellen, dass die beiden bereits abgereist sind. Auf dem Tisch findet er einen vollen Geldbeutel für „den Herrn Einnehmer" (44, 24). Von einer Magd erfährt er, dass sie beobachtet hat, wie Herr Guido während seines Gesangs erschreckt vom Balkon in sein Zimmer zurückgewichen ist. Später in der Nacht hat sie Pferdegetrappel gehört und den Buckligen auf einem Schimmel über das Feld davongaloppieren sehen. Es sah aus wie „ein Gespenst (...) auf einem dreibeinigen Pferd" (45, 10). Taugenichts besteigt die Kutsche, der Postillon knallt die Peitsche und weiter geht es „in die weite Welt hinein." (45, 24)

5. Kapitel:

Die Reise wird mit großer Geschwindigkeit fortgesetzt, bis der Geldbeutel leer ist, denn die Gastwirte und Post-

> Fahrt durch die Berge und Ankunft im Schloss in den Bergen

meister lassen sich ihre Dienste teuer bezahlen. Deshalb nimmt sich der reisende Taugenichts vor, in einem Wald heimlich die Reisekutsche zu verlassen. Doch dann bemerkt er, wie der Kutscher, der kein Postillon mehr ist, den Hauptweg verlässt und ein Berggelände befährt. Als er sich aus dem Wagen lehnt, sieht er quer über den Weg einen Reiter sprengen und im Gebüsch verschwinden. In ihm glaubt er das bucklige Männlein auf seinem Schimmel erkannt zu haben. Nach dem Durchfahren einsamer Gegenden kommen sie an ärmlichen Hütten vorbei, und endlich fahren sie in den engen gepflasterten Schlosshof eines großen alten Schlosses auf dem Gipfel des Berges.

Ein alter langer Mann mit Laterne empfängt ihn wie einen „großen Herrn" (48, 22). Danach erscheint eine alte, sehr hässliche Frau mit einem Schlüsselbund, die ihn mit einem tiefen Knicks begrüßt und alsdann in ein „großes schönes herrschaftliches Zimmer" (49, 11 f.) im Schloss führt, vorbei an der Küche, aus der ihn junge Mägde neugierig betrachten.

Im Zimmer findet er einen mit Speisen und Getränken gedeckten Tisch und eine junge Magd zu seiner Bedienung. Nachdem er reichlich gegessen hat, wünscht er zu schlafen und die junge Magd zu verabschieden, was von ihr erst nach langem Zögern unter „verhaltene(m) Kichern" (50, 14 f.) befolgt wird. In dem prächtigen Bett schläft er endlich vergnügt über die neue Situation ein.

6. Kapitel:

Aufenthalt im Schloss und Flucht Als er am nächsten Morgen erwacht, weiß er zunächst nicht, wo er ist. Dann aber kommen ihm die Erlebnisse der letzten Nacht in den Sinn. Als er sich im Zimmer umschaut, entdeckt er eine nur angelehnte Tapetentür. Neugierig sieht er in das Nebenzimmer und findet das Mädchen dort schlafend auf einem Bett. Er zieht sich zurück und verriegelt die Tür sorgfältig. Dann begibt er sich mit seiner Geige ins Freie und gerät in einen verwilderten Garten mit vielen Terrassen, die den Berg hinunter führen. Auf einer entdeckt er einen Jüngling, der sich dort merkwürdig und auffällig deklamierend bewegt. Er sucht endlich die Begegnung mit ihm, aber es kommt zu keinem Gespräch, und der Jüngling verschwindet im Gebüsch. Nun beginnt er sein Geigenspiel und ruft damit helle Bewunderung bei den Schlossbewohnern, der hässlichen Alten, dem grämlichen alten Mann und den Mägden, hervor. Allmählich erfährt er, dass das Schloss einem Grafen gehört, dass der dünne junge Mann Student und als Neffe der Alten seine Ferien auf dem Schlosse verlebt. Am Abend hört er unter seinem Fenster eine Nachtmusik, er kann jedoch ihre Herkunft nicht ermitteln, und als er sich rufend bemerkbar macht, hört die Musik auf, und jemand läuft schnell fort.

Sein Leben, das nicht aufwendiger und bequemer sein könnte, genießt er zunächst, doch nach einer Weile fällt ihm das Faulenzen schwer und er fürchtet, „vor Faulheit ganz auseinander (zu) fallen" (54, 10). Als er einmal das Posthorn hört, fällt ihm ein Lied ein, das er in seines Vaters Mühle von einem Handwerksburschen gelernt hat. Nun singt er „Wer in die Ferne will wandern/Der muss mit der Liebsten gehen" und das Posthorn ertönt immer näher, und dann hält der Postillon im Schlosshof und übergibt der Alten einen vermeintlich an den Taugenichts gerichteten Brief. Er stammt von seiner schönen Frau, und sie schreibt ihm, es sei nun alles wieder gut, alle Hindernisse seien beseitigt, und sie bittet ihn zurückzukommen, da sie ohne ihn kaum leben könne. Taugenichts erkennt, dass seine schöne Frau ihn liebt. Überglücklich verbringt er den Tag mit dem Brief im Garten und am Abend lädt er die Schlossbewohner zum gemeinsamen Essen in den Garten und spielt Geige und isst und trinkt, so dass alle vergnügt werden und er schließlich mit dem Studenten tanzt.

Dann aber eröffnet er ihnen seinen Entschluss fortzugehen. Am Abend in seinem Zimmer hört er Stimmen im Garten und entdeckt schließlich die Alte und den Schlossverwalter. Im Licht der von ihnen mitgeführten Laterne entdeckt er ein Messer und die bösen Züge der Alten. Ihm fallen allerlei Mordgeschichten ein, und während er sich mit einem Tisch bewaffnet in die äußerste Ecke seines Zimmers zurückzieht, hört er Schritte auf der Treppe, und das Schloss seiner Tür wird dreimal von außen verschlossen. Nun fühlt er sich gefangen und eingesperrt, und er stellt sich vor, wie die schöne Frau wartend am Fenster steht und ihn bereits mit seiner Geige am Zollhäuschen angekommen wünscht. Die Nachtmusik ertönt erneut, und leise versucht er, sich mit dem Gitarrenspieler zu verständigen. Er steckt das Briefchen und die Geige ein und klettert an der alten zersprungenen Mauer hinunter auf die Terrasse, wo ihn der Student auffängt und über versteckte Wege zu einem Gartentor führt, durch das sie in den Wald entkommen. Nun wird es im Schloss lebendig, offensichtlich wird nach ihm gesucht, und als auch der Student sich ihm gegenüber merkwürdig auf den Knien rutschend gebärdet, rennt er davon und erklettert eine hohe Tanne, von der aus er eine bessere Fluchtgelegenheit erwarten will. Schließlich wird es still, seine Verfolger haben sich entfernt, und er steigt vom Baum herab und läuft atemlos weiter in das Tal und in die Nacht hinaus.

7. Kapitel:

Ankunft in Rom und die Begegnung mit einem Maler und anderen Landsleuten

Unterwegs erfährt er, dass er sich wenige Meilen vor Rom befindet. Er freut sich, „die heilige Stadt" (61, 7) zu sehen, und wandert über eine große Heide, auf der, wie man sagt, „die Frau Venus begraben liegt"

(61, 17 f.). Dann aber zieht er durch ein prächtiges Tor in die berühmte Stadt. Aus einem Garten hört er Gitarrenklänge und den Gesang einer Frauenstimme, von der er sicher ist, seine schöne gnädige Frau zu erkennen, da sie dasselbe von ihr oft gesungene „welsche Liedchen" (62, 7) singt. Er steigt daher in den Garten hinein und sieht in der Ferne eine schlanke, weiße Gestalt, die sich aber eilig entfernt und in einem Haus verschwindet, dessen Türen fortan verschlossen bleiben, auch als er vor dem Haus die Geige spielt. Endlich schläft er auf der Türschwelle ein. Beim Erwachen in der Morgendämmerung muss er jedoch erkennen, dass das Haus seit langem unbewohnt ist. Er begibt sich daher aus dem Garten und ist, als er die prächtige Stadt vom Gitterwerk des Tores herunter in der Morgensonne funkeln sieht, voll Entzücken. Unschlüssig setzt er sich auf einen Brunnenrand, nimmt seine Geige und singt dazu das Lied „Wenn ich ein Vöglein wär" (64, 8 ff.). Ein junger Mann hat ihm zugehört und spricht ihn nun in deutscher Sprache an. Es stellt sich heraus, dass er Maler ist. Er lädt ihn ein, in seine Werkstatt mitzukommen, mit ihm zu frühstücken und ihm Modell zu sitzen, denn sein Kopf gefällt ihm. Nach einem langen Weg durch „eine Menge konfuser enger und dunkler Gassen" (65, 4 f.) gelangen sie schließlich in des Malers Dachwohnung, wo es äußerst unordentlich zugeht. Nach einem Frühstück sitzt der Taugenichts nun Modell, was ihm reichlich schwer fällt, aber am Ende ist sein Kopf das Modell für einen Hirtenknaben in einem Bild der Geburt Christi im Stall von Bethlehem. Danach sieht er sich andere Bilder im Atelier an und es stellt sich heraus, dass der Maler die beiden Maler Leonhard und Guido kennt und gar die schöne gnädige Frau gemalt hat, die die Maler und deren Violine spielenden Begleiter in Rom gesucht hat. Eilig ergreift er seinen Hut und wischt zur Tür hinaus. Der Maler aber ruft ihm nach, am Abend wiederzukommen, um mehr zu erfahren.

8. Kapitel:

Gartenszene bei Rom und über-
stürzter Aufbruch aus der Stadt

Der Taugenichts aber läuft nun durch die Stadt. Er will das Gartenhaus des Vorabends wiederfinden, doch irrt er in den Straßen Roms erfolglos herum. Das Menschengetümmel gefällt ihm zunächst, als aber die Mittagshitze unerträglich wird und die Menschen sich in ihre Häuser zurückgezogen haben, empfindet er eine große Müdigkeit und begibt sich in den Schatten eines von Säulen gestützten großen Balkons, wo er einschläft und von seinem Dorf träumt, in dem es Blumen regnet. Als er erwacht, findet er tatsächlich Blumen über sich ausgestreut, die von blühenden Sträuchern an einem der oberen Fenster herabgefallen sind, hinter dem ein Papagei spektakelt. Übermütig tritt er in ein Schimpfgespräch mit dem Papagei ein, bis er von dem Maler, der lachend hinter ihm steht, unterbrochen und in einen Garten außerhalb Roms mitgenommen wird, wo er Landleute treffen will. Nach einem langen Weg zwischen Landhäusern und Weingärten gelangen sie endlich zu einem hoch gelegenen Garten, den sie durch eine Pforte betreten. Junge Leute, die gebannt auf eine Szene blicken, die von zwei musizierenden Frauen und einem Mann gestellt wird, bedeuten ihnen, sich still zu verhalten und ebenfalls dem „sinnreiche(n) Tableau"[10] (71, 3) zuzuschauen. Doch wird die Stille abrupt vom Gezänk eines jungen Paares unterbrochen, das polternd den Garten betritt. Der junge Mann, ein Maler namens Eckbrecht, wie sich später herausstellt, beschuldigt das Mädchen, ihn zu hintergehen, weil dieses nicht bereit ist, ihm einen Zettel zu zeigen, den es bei sich trägt. Wenig später sucht das Mädchen den Schutz des Tauge-

---

10 Gemeint ist hier die Nachstellung des Bildes von Johann Erdmann Hummel (1769–1852) mit dem Titel *Gesellschaft in einer italienischen Locanda.* E. T. A. Hoffmann beschreibt es am Anfang seiner Erzählung *Fermate,* die 1816 im *Frauentaschenbuch* erschienen war. Bilder nachzustellen, war eine Mode des Zeitvertreibs in der Romantik.

nichts. Sie steckt ihm den Zettel zu, eine Nachricht ihrer Herrin an den „Einnehmer" (71, 35), auf dem Ort und Zeit genannt sind, wo er sich einfinden soll. Nun erkennt er in dem Mädchen die Kammerjungfer, die ihm seinerzeit die Flasche Wein ins Zollhaus gebracht hat. Überglücklich holt er nun seine Geige hervor und spielt in den „Rumor" (72, 32) hinein, der kein Ende nehmen will. Es gelingt ihm, die Gesellschaft zum Tanzen zu bringen und zu beruhigen, und voller Begeisterung springt er mit. Die Kammerjungfer aber mahnt ihn, die Verabredung einzuhalten, „die schöne junge Gräfin" warte (74, 2). Allmählich verliert sich die Gesellschaft aus dem Garten. Zurück bleiben die beiden Maler, mit denen er singt und redet. Und während Herr Eckbrecht auf der Gitarre spielt und deutsche und italienische Lieder singt, denkt er „an die schöne Fraue" und „an die ferne Heimat" (75, 16).

Der andere Maler ist eingeschlafen, eine Gitarrensaite reißt, und Eckbrecht hält seinem jungen Landsmann eine Rede, in der er ihn, den Maler und sich selbst als „Genies" (76, 10) bezeichnet, im Besitz von „Siebenmeilenstiefeln" (76, 13), mit denen sie auf die Ewigkeit losmarschieren. Unter solchen Reden verlässt der Taugenichts den Garten und folgt dem beschriebenen Weg zum Treffpunkt, obwohl es noch zu früh ist. Wenig später findet er sich genau auf dem Brunnenplatz an dem Ort wieder, an dem er am Vorabend über das Tor in den Garten gestiegen war. Auf dem Brunnenrand sitzend, hört er wieder den Gesang der schönen Frau. Als nun von der Stadtseite her ein junger Mensch in einem weißen Mantel auf das Gartentor zugeht und es mit einem Schlüssel öffnet, glaubt der Taugenichts in ihm den ihm ohnehin unsympathischen jungen Maler Eckbrecht zu erkennen, der „die gnädige Frau beschleichen, verraten, überfallen" (78, 4) will. Er springt ihm daher durch das geöffnete Tor nach und schreit „aus vollem

Halse ‚Mordio!', dass der Garten erzitterte." (78, 23 f.) Doch muss er erkennen, dass er die Kammerjungfer vor sich hat, die den Mantel des Malers trägt und die ihn einen Narren schimpft. Das Geschrei hat Leute herbeigerufen und auch die gnädige Frau, die aber nicht die seine, sondern eine schöne, korpulente, mächtige italienische Dame mit einer Adlernase ist. **Dieser** Gräfin hat er gefallen, sie hat ihm die Blumen gestreut und für ihn Arien gesungen, aber seine schöne gnädige Frau sei längst wieder in Deutschland. Durch einen Trick vertreibt die Kammerjungfer die Herbeigeeilten aus dem Garten, und auch er wird durch die Pforte abgeschoben. Alle Freude ist ihm nun „in den Brunn gefallen" (80, 24), Italien mit seinen verrückten Malern, Pomeranzen und Kammerjungfern erscheint ihm falsch, und er wandert sogleich zum Tore hinaus.

9. Kapitel:

Aufbruch nach Wien mit den Studenten, Fahrt auf der Donau

Als er nach einiger Zeit von einem hohen Berge nach Österreich hineinsehen kann, überkommt ihn große Freude, so dass er ein Lied anstimmt. Hinter ihm im Walde aber stimmen Instrumente in sein Lied ein, und er trifft auf drei musizierende Gesellen, mit Oboe, Klarinette und Waldhorn, die sich als Prager Studenten herausstellen, die in den Ferien regelmäßig Prag wandernd und musizierend verlassen, um die Welt zu sehen und sich mit Musizieren durchschlagen. Nach längerer Beratschlagung, bei der gemeinsam etwas gegessen wird, beschließen sie, auf der Donau mit dem Schiff weiterzufahren, denn einer der Studenten hat einen Vetter, der auf einem Schloss Portier ist. Ihn wollen sie besuchen. Es stellt sich heraus, dass der Portier der des Schlosses vor W. ist, den auch der Taugenichts gut kennt.

Sogleich brechen sie auf zur Schiffsanlegestelle. Dort stoßen sie auf einen älteren Herrn, der von einem „schlanke(n) Bürschchen" (86, 14) begleitet wird, das aber im Augenblick ihres Erscheinens ins Land hinaus reitet, während der ältere Herr das Schiff besteigt. Auch ein junges Mädchen ist Passagier, und es stellt sich im Verlauf der Fahrt auf der Donau heraus, dass es auf dem Weg ins Schloss der gnädigen Frau Gräfin ist, um dort Kammerjungfer zu werden. Sie erzählt von einer dort bevorstehenden Hochzeit der Gräfin mit einer alten heimlichen Liebschaft, der Bräutigam werde aus Italien erwartet, von wo er vor geraumer Zeit aufgebrochen sei. Die Nachricht habe eine Dame aus Rom geschickt, die auch berichtet habe, dass er „in der Nacht passatim" (89, 10 f.) gehe „und am Tage vor den Haustüren" (89, 11) schlafe. Hier fühlt sich der Taugenichts erkannt und widerspricht heftig, indem er den Bräutigam als „moralische(n), schlanke(n), hoffnungsvolle(n) Jüngling" darstellt, ohne allerdings seine Identität preiszugeben, denn auch der geistliche Herr kennt ihn nicht. Er bezeichnet das alles als große „Konfusion" (89, 25). Während der Becher kreist und erzählt und gesungen wird, tauchen das Zollhäuschen und das Schloss in der Ferne auf.

10. Kapitel:

Das Schiff legt an, und die Fahrgäste verlieren sich in unterschiedliche Richtungen, der Taugenichts aber rennt sogleich zum herrschaftlichen

> Wiedersehen mit der schönen gnädigen Frau und Aufklärung der Konfusion

Garten. Er kommt am Zollhäuschen vorbei, dessen Fenster offen stehen. Da er niemanden sieht, betritt er es und setzt sich an den Schreibtisch, da aber erscheint ein alter, hagerer Einnehmer und vertreibt ihn schimpfend. Aus dem Blumengarten ist auch wieder ein Kartoffelacker geworden. Der Taugenichts rennt nun direkt auf den Schlossgarten zu und schwingt sich auf die Mauer. Er sieht in den Garten hinein und hört jemanden ein Lied singen. Stimme und Text erinnern ihn an den Maler Guido. Auch sieht er die schöne gnädige Frau prächtig gekleidet und ihr gegenüber eine andere junge Dame mit einem braunen Lockenkopf. Als die schöne Frau ihn erblickt, schreit sie laut auf. Die andere Dame springt auf und klatscht lachend dreimal in die Hände, und aus dem Gebüsch kommen viele kleine Mädchen, die ihn umringen. Auch ein junger Mann tritt aus dem Gebüsch hervor, in dem er den Maler Leonhard erkennt. Er führt die schöne gnädige Frau zu ihm hin und hält ihm eine Rede, die von Verwirrungen handelt, die durch die Liebe bedingt sind. Im Einzelnen stellt sich die Lösung folgender Verwicklungen heraus. Leonhard ist in Flora, die Tochter der Gräfin, verliebt. Sie aber ist einem anderen versprochen. Flora als Maler Guido verkleidet, entführt er sie. Auf diesem Weg begegnen die beiden ihm im Wald. Da sie von dem kleinen Buckligen verfolgt werden, der der Spion der schönen Gräfin ist, verlassen sie das Wirtshaus in B. und lassen den Verfolger die falsche Fährte aufnehmen, indem sie den Einnehmer die Postkutschenreise machen lassen. Das Bergschloss gehört Herrn Leonhard, der in Wirklichkeit ein Graf ist. Guido/Flora sollte dort versteckt werden. Nun aber wird der Taugenichts für Flora gehalten und entsprechend empfangen. Als die Burgbewohner erfahren, dass Flora/Taugenichts fliehen will, treffen sie die entsprechenden Maßnahmen, um diese Flucht zu verhindern. Nun soll nach dem Willen der Gräfin die Liebe Leonhards zu Flora durch ihre Hochzeit gekrönt werden. Gleichzeitig aber soll auch der Taugenichts mit seiner schönen jungen Gräfin vermählt werden, die aber keine Gräfin, sondern die Nichte des Portiers ist, der die Waise mit ins Schloss gebracht hat, in dem die Herrschaft sich ihrer annahm. Das Tanzfest, das Auslöser für seine Flucht aus dem Schloss war, war zur Rückkehr des Sohnes veranstaltet worden. Das Erscheinen seiner schönen gnädigen Frau an der Hand des jungen Grafen auf dem Balkon erklärt sich durch das zufällige Zusammentreffen seiner Rückkehr und ihres Geburtstags, der Anlass war, auch ihr das Ständchen der Dienerschaft zu widmen. Nun soll auch ihre Liebe zum Taugenichts durch die Heirat mit ihm gekrönt werde. Sie zeigt ihm ein Schlösschen im Garten, in dem sie beide wohnen werden. Der Taugenichts ist froh, nun den Portier zum Onkel zu haben. Der Aufforderung, sich in Zukunft eleganter zu kleiden, begegnet er ironisch und kündigt an, gleich nach der Trauung mit ihr, den Studenten und dem Portier nach Italien aufzubrechen, um die schönen Wasserkünste in Rom zu betrachten. Von fern schallt Musik herüber, und Leuchtkugeln fliegen vom Schloss durch die stille Nacht, denn alles, alles ist gut. (101, 10)

2.3   Aufbau

Der Titel *Aus dem Leben eines Taugenichts* rückt das Werk Eichendorffs in die Nähe biografischer Werke. Im Gegensatz zu anderen Werken dieser Art jedoch, beispielsweise des Goethe'schen *Wilhelm Meister,* handelt es sich nicht um einen Text mit autobiografischen Zügen des Verfassers, sondern um reine Poesie mit ausgesprochen romantischem Charakter.

Wie die romantische Epoche von immer neuen Aufbrüchen aus der gesellschaftlichen und persönlichen existenziellen Enge zu immer neuen Möglichkeiten geprägt ist, gilt dies auch für den dargestellten Lebensabschnitt des Taugenichts, er ist deshalb ein fiktives Modell romantischer Existenz. Der Romantiker betont, dass das Mögliche ebenso zum Leben gehört wie das Wirkliche. Es gilt, durch die fortgesetzte Überschreitung endlicher Grenzen das Unendliche in der Poesie zu imaginieren. Konstituierend für romantisches Dichten ist die Darstellung von Grenzerfahrungen wie Liebe und Tod. Liebend entgrenzt sich das Ich zum Du, sterbend öffnet sich das endliche zum unendlichen Dasein, in dem alles Zeitliche wieder eintaucht in die Ewigkeit. Ziel der romantischen Sehnsucht ist ein paradiesischer Zustand, in dem Endliches und Unendliches, Wirkliches und Vorgestelltes, Alltag und Poesie ineinander verschmelzen. Der romantische Held ist aufgerufen, das bloß Alltägliche hinter sich zu lassen und seinen Ahnungen eines poetischen Lebensentwurfs Gestalt zu geben.

Grafik zum Aufbau

Erklärende Legende:

Kap. 1–2: Aufbruch aus der Mühle, Ankunft im Schloss bei Wien

Kap. 3–4: Aufenthalt im Schloss, Aufbruch nach Italien

Kap. 5–6: Fahrt durch die Lombardei, Ankunft im Schloss in den Bergen

Kap. 7–8: Aufenthalt im Schloss, Flucht nach Rom

Kap. 9–10: Flucht aus Rom, Empfang im Schloss bei Wien

Kap. 10: Ausblick: Plan eines erneuten Aufbruchs nach Rom

In den zehn Kapiteln des *Taugenichts* geht es um immer neue Aufbrüche auf dem Weg zum Glück. Der namenlose

> Aufbrüche auf dem Weg ins Glück

Taugenichts ist einem Märchenhelden vergleichbar, in dem noch das Ensemble aller Möglichkeiten und Optionen versammelt ist. Die stets lauernden Gefahren und Gefährdungen besteht der Held, auch wenn er sie nicht durchschaut und noch weniger rational zu erklären sucht. Wunsch und Wunscherfüllung fügen sich nicht durch zielstrebige, vernunftgeleitete Handlungen, sondern durch das Walten einer übergeordneten Macht und durch Intuition. Es ist daher nur konsequent, wenn der Taugenichts beim Aufbruch aus der väterlichen Mühle, die er verlässt, weil der Vater es anordnet, aber auch weil es ihm „kurz vorher selber eingefallen" war, „auf Reisen zu gehen" (5, 17), in seinem ersten Lied nur den lieben Gott walten lässt (6, 13).

Kap. 1 und 2:

Aufbruch mit unklarem Ziel

Dass es im *Taugenichts* eher um Aufbruch als um das Ankommen geht, wird deutlich in der Undeutlichkeit eines Ziels, das er „selber nicht wusste" (6, 30). Die beiden ersten Kapitel stehen daher unter dem Motto des Aufbruchs aus der Mühle und der Ankunft im Schloss. Die sich dort anbahnende Sesshaftigkeit als Zolleinnehmer wird aber mit derart ironisch philisterhaften Attributen (Schlafmütze, Schlafrock, Pantoffeln und Tabakspfeife) belegt, dass ein erneuter Aufbruch unabdingbar erscheint. Auslöser für den zweiten Aufbruch ist die vermeintliche Erkenntnis der Unerreichbarkeit der „schöne(n) Frau droben auf dem Schlosse" (25, 36). Die Philisterutensilien werden beim „Ausbruch des Vogels aus dem Käfig" zurückgelassen, Gefühle zwischen „traurig" und „so überaus fröhlich" (26, 26) gespannt, und die Liedstrophe, in der dem lieben Gott erneut das Walten überlassen wird, begleitet wiederum den Aufbruch. Das Ziel ist nun Italien (27, 3).

Kap. 3 und 4:

Der Weg ist dem Taugenichts unbekannt, und der Versuch, ihn zu erfragen, scheitert. Vielmehr vertreibt ihn der Bauer aus dem Garten und dem rückwärts gewandten Traum, wo er sich zusammen mit der schönen Frau in seines Vaters Mühle wähnt. Der Versuchung durch das Mädchen, eine sesshafte Existenz anzunehmen, widersteht er sogleich mit dem Gedanken an die schöne junge Frau. In Begleitung der beiden Reiter, die in ihm den Zolleinnehmer erkannt haben und die ihn ohne sein Wissen während ihrer gemeinsamen Reise durch die Lombardei ihren Zwecken dienstbar machen, setzt er seine Reise in „die weite Welt" (45, 23) fort.

Kap. 5 und 6:

Das durch die beiden Maler Leonhard und Guido gelenkte Geschick führt

Schloss

ihn in das Schloss in den Bergen. Der Aufenthalt dort ist geprägt von zuvorkommender Behandlung durch die Bediensteten, sein Leben könnte nicht schöner sein, er fühlt sich „auf dem einsamen Schlosse wie ein verwunschener Prinz" (53, 29 f.). Und doch fällt ihm das Faulenzen allmählich immer schwerer, er fängt an, „von dem guten Essen und Trinken ganz melancholisch zu werden" (54, 7 f.), und als er das Posthorn hört, ergreift ihn die Sehnsucht nach der schönen Frau ebenso wie nach seines Vaters Mühle. Der ihm zugestellte Brief Aurelies bewegt ihn schließlich zur Flucht aus dem Schloss, das er schließlich wiederum mit unklarem Ziel hinter sich lässt und „atemlos weiter in das Tal und in die Nacht hinaus" (60, 20 f.) läuft.

Kap. 7 und 8:

Der Taugenichts begibt sich auf den Weg nach Rom. Nicht dass dies sein Ziel gewesen wäre, aber er hat unterwegs erfahren, dass er nur noch wenige Meilen von der heiligen Stadt entfernt ist. In Rom angekommen, sieht er sich weiter in Verwechslung und Irreführung verwickelt. Er bewegt sich in Gärten und auf Plätzen, in engen, dunklen Gassen, in der verwinkelten Mansarde des Malers, zwischen Landhäusern und Weingärten, an genau bezeichneten Treffpunkten, um der schönen gnädigen Frau habhaft zu werden, von der er glaubt, dass sie sich seinetwegen in Rom aufhält. Am Ende, als er erkannt hat, dass seine schöne Frau „schon lange wieder in Deutschland" „mitsamt" seiner Amour (80, 2 f.) ist, fällt ihm „alle Lust und Freude in den Brunn" (80, 24). Er kehrt dem falschen Italien auf ewig den Rücken und wandert zum Tor hinaus (80, 24 f.).

Kap. 9 und 10:

Im Folgenden erfährt der Leser, dass sich der Taugenichts in Richtung Österreich auf den Weg gemacht hat, denn unmittelbar nach dem einleitenden Lied steht er „auf einem hohen Berge, wo man zum ersten Mal nach Österreich hineinsehen kann" (81, 13). Gemeinsam mit musizierenden Studenten geht es in der Folge zielgerichtet mit dem Schiff die Donau hinab, und nicht mehr die Beschwörung der „Fremde" und der „Ferne" wie in den vorhergegangenen Liedern steht im Vordergrund, sondern „Beatus ille homo/Qui sedet in sua domo" (Glücklich der Mensch, der in seinem Haus sitzt). Das Zollhäuschen kommt in Sicht, die Verwirrungen und Konfusionen lösen sich, und der Sesshaftigkeit mit der Liebsten in einem Schlösschen nach ihrer Vermählung steht nichts mehr im Weg. Seine Antwort aber ist: „(...) und gleich nach der Trauung reisen wir fort nach Italien, nach Rom, da gehn die schönen Wasserkünste, und nehmen die Prager Studenten mit und den Portier!" (100, 3 ff.) Nicht um das Ankommen im Irgendwo, sondern um den erneuten Aufbruch nach Irgendwohin geht es im *Taugenichts*. Immer öffnet sich das Hier und Jetzt zum Dort, und die romantische Sehnsucht lässt eine unendliche Erfüllung jenseits des Endlichen ahnen. Regelmäßig weicht die novellistische Verwicklung dem märchenhaften Ausblick ins Wunderbare. Der Taugenichts ist mit seinen wiederholten Entgrenzungen die unendliche Geschichte des Menschen auf dem aus Zeit und Raum hinausführenden Weg in seine eigentliche Heimat, in der alles auf ewig im Innern miteinander verwandt ist.

Auf dem Weg in Richtung Österreich

Märchenhafter Ausblick ins Wunderbare

2.4 Personenkonstellation und Charakteristiken

Der titelgebende Taugenichts ist die Hauptfigur der Märchennovelle Eichendorffs. Er allein kann charakterisiert werden,
alle anderen Personen sind durch ihre Funktion mit Blick auf
die Stationen, die der Taugenichts durchläuft, bestimmt.

Er ist die zentrale Figur, aus seinem Blickwinkel wird die
Geschichte in der Ich-Perspektive erzählt. Während der ge-
samten Geschichte bleibt er der Taugenichts, auf eine individuelle Namengebung wird verzichtet.
Der Name charakterisiert ihn, ist aber
auch romantisches und poetisches

> Name ist romantisches und poetisches Programm

Programm. „Taugenichts" nennt ihn der Vater zu Beginn und
charakterisiert ihn als jemanden, der sich sonnt und seine
Knochen müde dehnt und reckt, an Arbeit aber nicht denkt.
Er selbst nimmt den Namen und damit auch das Programm
an. Seine Einstellung und Haltung ist für ihn die Vorausset-
zung für sein Glück in der Welt, und so antwortet er: „Wenn
ich ein Taugenichts bin, so ist's gut, so will ich in die Welt
gehen und mein Glück machen." (5, 15)

Mit dem Taugenichts entwirft Eichendorff eine Gestalt, mit
der der Leser die Möglichkeit der Poesie auskosten kann, wohl
wissend, dass es sich um ferne, für ihn unerreichbare Möglichkeiten handelt. Im Taugenichts trennt der Autor das Le-
bens-Ideal von der Lebenswirklichkeit, sondert er die Poesie
vom praktischen Leben ab.

So wird der Taugenichts als romantischer Held einem Märchenhelden vergleichbar. Mit ihm verbindet ihn der Aufbruch
aus dem gesicherten Zuhause und die Wanderschaft.

Wie der Märchenheld ist er geprägt
von Naivität, Spontaneität und Unbe-

> Märchenheld

kümmertheit. Zuweilen holt ihn das Heimweh nach der väterlichen Mühle ein, aber er ist immer wieder in der Lage, die
dunklen Gedanken zu verscheuchen und mit dem hellen Morgen einen erneuten Aufbruch zu wagen. Wie im Märchen
geleiten ihn Helfer auf seinem Weg in die Liebeserfüllung mit
seiner „schönen gnädigen Frau".

Der Taugenichts ist Gegenbild zur Figur des Philisters, einem
Typus, dessen Leben sich in der Wirklichkeit erschöpft. Die
Philister sind die eigentlich „Trägen, die zu Hause liegen" (6, 5),
okkupiert von der Arbeit und den Tagesgeschäften, ohne Blick
und Sinn für die Schönheiten der Natur und Poesie. Allein aus

| Im bürgerlichen Sinn nutzlose Existenz |

ihrer Perspektive erschließt sich der
Name „Taugenichts" als eine freie, poe-
tische, im bürgerlichen Sinn nutzlose
Existenz. Der Taugenichts bedauert diese Menschen zutiefst.
Als er aus seinem Dorfe zieht, bekennt er offen:

> „Ich hatte recht meine heimliche Freud', als ich da alle meine
> alten Bekannten und Kameraden rechts und links, wie gestern,
> vorgestern und immerdar, zur Arbeit hinausziehen, graben und
> pflügen sah, während ich so in die freie Welt hinausstrich. (...)
> Mir war es wie ewiger Sonntag im Gemüte." (5, 26 ff.)

Der freudigen Aufbruchstimmung folgt aber nicht nur Glück
und Sorglosigkeit, sondern auch der Verlust von Geborgen-
heit. Stimmungen der Einsamkeit und Verlassenheit überkom-
men ihn. Leitmotivisch kommen ihm die Gedanken an des
Vaters Mühle und auch später im Schloss sitzt er „wie eine
Rohrdommel im Schilf eines einsamen Weihers" und ihm ist
„zum Sterben bange" (12, 7 f. u. 12, 12), während die anderen
jungen Burschen des Schlosses sich im Tanz vergnügen. In der
adligen Gesellschaft fühlt er sich „arm (...) und verspottet und
verlassen von der Welt (...) und weint bitterlich." (14, 18 ff.)

Auf dem Höhepunkt seiner Empfindung des Andersseins und der Ausgeschlossenheit philosophiert er:

> *„Alles ist so fröhlich, um dich kümmert sich kein Mensch. – Und so geht es mir überall und immer. Jeder hat sein Plätzchen auf der Erde ausgesteckt, hat seinen warmen Ofen, seine Tasse Kaffee, seine Frau, sein Glas Wein zu Abend, und ist so recht zufrieden [...]. Mir ist's nirgends recht. Es ist, als wäre ich überall eben zu spät gekommen, als hätte die ganze Welt gar nicht auf mich gerechnet."* (22, 20 ff.)

Solche Gedanken heben den Taugenichts über den naiven Märchenhelden hinaus und stellen ihn in die Nähe der romantischen Künstlerfigur. Zwar ist der Taugenichts nicht als Künstler ausge- | Romantische Künstlerfigur | wiesen, aber sein Geigenspiel und seine Sangesfreude rücken ihn in dessen Nähe. Aber auch die Liebe macht den Taugenichts zum Künstler, denn die Liebe ist „ein Poetenmantel, den jeder Fantast einmal in der kalten Welt umnimmt, um nach Arkadien auszuwandern" (95, 12 ff.), wie Herr Leonhard in seinem Sermon am Ende der Märchennovelle bekräftigt.

Auffällig ist, dass sich der Taugenichts überwiegend in der Welt des Adels bewegt. Kommen Philister vor, wie der Gärtner und der Bauer, so bewegen sie sich in einem Spannungsfeld zum Taugenichts. Kurzfristig spielt er mit den Gedanken an Sparsamkeit, und Sesshaftigkeit (16, 5 f.), doch gibt er den Vorsatz schnell auf. Aus dem Kartoffelacker wird ein Blumengarten, so dass der Portier des Schlosses ihn für „verrückt" (16, 16) hält. Seine „intime" Freundschaft (16, 14) besteht schon die erste Zerreißprobe nicht. Er jagt den Portier davon, als er dessen Widerspruch gegen „die edle Jägerei" anhören muss, die für ihn mit Husten „von den ewigen nassen Füßen" (17, 6 ff.) verbunden ist. Ein echter Faulenzer ist der Taugenichts allerdings nicht, nützlich macht er sich in der Natur. Gärten liebt er, zu ihrer Gestaltung und Verwandlung in Blumengärten trägt er bei, und selbst im Schloss in den Bergen hilft er „wohl auch manchmal in der Gärtnerei nach" (53, 37), um der Wildnis Herr zu werden. Vor allem aber zeich-

Liebe zur Natur

net ihn die Liebe zur Natur aus. Der Taugenichts ist Kristallisationsfigur aller Sehnsüchte, allen Fernwehs, allen Schmerzes des Ungenügens an bürgerliche Existenzansprüche.

Eichendorff führt eine Vielzahl von Personen an, deren Aura auf den Taugenichts ausstrahlt. Auf allen Stationen, die er durchläuft, begegnen ihm neue Personen, Künstler und Philister, die zum Verwechslungs- und Verwirrspiel beitragen. Im Schloss bei Wien und im Schlossgarten ist er Beobachter. Dort ist es vor allem seine schöne gnädige Frau, deren Begegnung er sucht. Unter ihrem Fenster bezieht er den Posten eines Beobachters in aller Frühe, bis er entdeckt und ihrer nicht mehr ansichtig wird. Ein weiteres Mal begegnet er ihr in der Allee, als sie offensichtlich von der Jagd kommt. Als er seine Blumen an ihrem Busen entdeckt, kann er eine Liebesbezeugung nicht mehr zurückhalten (18, 5 ff.). Die Folge ist, dass sie nun für ihn ganz unerreichbar wird. Madonnengleich wird sie für ihn zum Bild, dass sich in seine Seele eingräbt. Sie selbst bleibt für ihn stumm. Ihre Augen richten sich bei der Fahrt im Kahn auf das Wasser, Blicke kann er von ihr nicht erhaschen. So sieht er immer nur von außen und lebt in Vorstellungen, ohne auf die Idee zu kommen, den Wahrheitsgehalt seiner Vorstellungen zu überprüfen. Im Gegenteil: Er nimmt unhinterfragt an, was ihm von außen angeboten wird. Bei seiner Beförderung zum Zolleinnehmer beispielsweise, die er „in Betrachtung Seiner guten Aufführung und besondern Meriten" (15, 14 f.) erhält, findet er, nachdem er seine bisherige Aufführung und seine Manieren überdacht hat, „dass der Amtmann Recht hatte." (15, 19) Als Gärtnerbursche hat ihn der Leser freilich eher als Müßiggänger erlebt. Auf Grund seiner Naivität bleibt ihm der wahre Sachverhalt bis zum Schluss verbor-

Naivität

gen. Erst da erfährt er, dass Aurelie, seine schöne gnädige Frau, nicht Gräfin, sondern die Freundin der Grafentochter Flora ist, dass ihre Briefzeilen nicht ihm, sondern Flora gegolten, dass er im Schloss in den Bergen für Flora gehalten, dass nicht er, sondern Flora in Rom gesucht wurde, dass die Schiffspassagiere auf der Donau nicht von seiner bevorstehenden Heirat sprachen und dass nicht seine Liebe das Zentrum, sondern der Nebenschauplatz aller Umtriebe war. Als Glückskind aber ist er Nutznießer des mit ihm getriebenen Spiels.

Merkwürdige Figuren begegnen ihm auf seiner Fahrt durch die Lombardei in Gestalt des Buckligen, der sich als Spion der Gräfin erweist, und im Personal des Schlosses in den Bergen. Sie sind keine Individualitäten, der Leser erfährt nur ihre Funktion, die darin besteht, Flora/Taugenichts zu verwöhnen und auf jeden Fall zu behüten. Die fantastischen Züge, die ihnen zuweilen anhaften, erweisen sich als Teil des ihnen erteilten Auftrags, wenn sie zum Beispiel mit allen Mitteln versuchen, die Flucht des vermeintlichen Mädchens in Männerkleidern zu vereiteln.

In Rom begegnet der Taugenichts echten und angemaßten Künstlerfiguren und der italienischen Gräfin. Sie ist nicht, wie erhofft, seine schöne gnädige Frau, sondern sucht mit ihm ein erotisches Abenteuer, dem sich der Taugenichts fluchtartig entzieht. Sich rein erhalten für die Liebeserfüllung mit seiner schönen gnädigen Frau ist sein Bestreben. Belohnt wird seine Haltung durch die Heirat mit ihr. Auch die Prager Studenten, mit denen er die Reise auf der Donau macht, sind nur während der Semesterferien Musikanten. Sie sind keine echten Künstler, denn sie musizieren in den Bauerndörfern für Geld, und ihr freies Leben ist von kurzer Dauer. Am Ende der Ferien kehren sie an die Universität zurück. Ihr Ziel ist ein Brotberuf, der sie sicher ins Philisterdasein führt. Wie weit der Taugenichts von ihnen entfernt ist, wird deutlich, als er im Dorf B. das ihm angebotene Geld für sein Geigenspiel zurückweist. Er spielt nur aus „Freude" (32, 13) und die Stampe Wein aus den Händen eines schönen Mädchens ist ihm Lohn genug. Zusammenfassend lässt sich sagen, dass der Taugenichts die zentrale Figur der Märchennovelle ist, während alle übrigen Personen im Hinblick auf die Erfüllung seines Glücks agieren und in allem seiner Glückserfüllung zuarbeiten.

2.5 Sachliche und sprachliche Erläuterungen

7, 35 Bandelier: Hier: Schulterschmuckband.

8, 18 Perpendikel: Uhrpendel.

8, 25 Herumvagieren: herumstreifen.

9, 2 Diskurrieren: diskutieren, miteinander sprechen.

10, 14 Eine blinde Henne (...): Sprichwort.

10, 15 Wer zuletzt lacht (...): Sprichwort.

10, 16 Der Mensch denkt (...): Sprichwort.

12, 7 Rohrdommel: Schreitvogel aus der Familie der Reiher von gedrungener Gestalt. Lebt sehr versteckt im dichten Röhricht großer Teiche.

15, 6 Parlieren: leichte Konversation betreiben, hineinreden.

15, 28: Kommode: bequem.

18, 23 Vom Transport bis zum Latus: Fachausdrücke aus der Buchführung des 19. Jahrhunderts.

19, 2 Parasol: Sonnenschirm.

20, 31 Kapriolen: Bocksprünge.

23, 19 Flechsen: Halssehnen, hier: geschwollene Adern am Hals.

27, 16 Ein spanisches Rohr: Spazierstock aus Bambus.

27, 22 Pomeranzen: Zitrusfrüchte des Mittelmeerraums.

27, 25 Konduite: Benehmen.

29, 20 Kamisol: Weste.

29, 22 Poperenzen: Verballhornung des Wortes Pomeranzen, Anklang an Popanz.

29, 31 Knollfink: Schimpfwort, das einen Grobian bezeichnet.

30, 36 Attent: aufmerksam.

32, 14 Stampe: mundartlich schlesisch für Trinkglas.

33, 12 Kopftremulenzen: Vibrator-Effekte, die bei der Geige durch Handschwingungen erreicht werden.

33, 27 Übern Kochlöffel balbiert: alte Redewendung, die anstelle von „betrügen" gebraucht wird.

34, 1 Fistel: Fistelstimme, sehr hohe Stimme.

34, 4 Feldscher: Militärfriseur, der auch als Wundarzt fungierte.

34, 4 Rage: Wut, Zorn.

34, 8 Ambrasieren: Wortspiel, frz. embrasser: umarmen.

34, 18 Jung gefreit hat nie gereut: Sprichwort.

34, 18 Wer's Glück hat, führt die Braut heim: Sprichwort.

34, 19 Bleibe im Lande und nähre dich tüchtig: Sprichwort.

35, 11 Martialisch: kriegerisch (Mars, röm. Kriegsgott).

36, 4 Räson: Vernunft.

37, 11 Schnapphahn: Wegelagerer, Strauchdieb.

37, 30 Vazieren: ohne Stellung sein.

38, 5 Repetieren: Eine Repetieruhr zeigt durch Schlagen auf Knopfdruck die Zeit an.

39, 15 Come é bello!: (ital.) Wie schön er ist!

41, 2 Einsprechen: Hier: Einkehren.

41, 26 Welschland: Bezeichnung für das Land jenseits der Alpen.

42, 25 Servitore: (ital.) Diener.

42, 25 Arriware: (ital.) arrivare = ankommen.

42, 28 Parlez vous françois?: Verballhornung von «Sprechen Sie Französisch?»

42, 36 Babylonischer Diskurs: Anspielung auf die biblische Sprachverwirrung nach dem Turmbau zu Babel (Babylon).

43, 7 Passatim gehen: Verballhornung des Studentenlateins „gassatim gehen" = in den Gassen spazieren.

44, 8 Hoppevogel: Wiedehopf, auch Hopfennachtvogel genannt.

48, 24 In Kamisol und Rock: in Weste und Rock.

48, 31 Kratzfüße machen: tiefe Verbeugungen machen.

48, 25 Schnipper: Stirnlappen an der Haube.

48, 35 Bagage: (frz.) Gepäck.

49, 32 Proverino: (ital.) Ärmster!

50, 12 Felicissima notte!: (ital.) Recht gute Nacht!

52, 9 Kaputrock: langer Kapuzenmantel.

57, 1 Basilisk: Ungeheuer aus der antiken Mythologie, dessen Blick tödlich ist.

61, 17 Frau Venus: röm. Göttin der Schönheit.

62, 21 Füßeln: leichtfüßig davonlaufen.

64, 33 Abkonterfeien: malen, porträtieren.

67, 7 Leonardo da Vinci: berühmter italienischer Maler der Renaissance.

67, 8 Guido Reni: ital. Maler, der wie Leonardo Vorbild für die Malschule der Nazarener ist.

69, 30 Furfante!: (ital.) Spitzbube.

71, 2 Tableau: Bild, hier: Das Nachstellen des Bildes durch lebende Personen, ein beliebtes Gesellschaftsspiel der gebildeten Schichten im 18. und 19. Jahrhundert.

71, 4 Der selige Hoffmann: Gemeint ist der Dichter E. T. A. Hoffmann (1776–1822). Das Sterbedatum 1822 hilft bei der Datierung des *Taugenichts*.

71, 5 Hummelsches Bild: gemeint ist das Bild Johann Erdmann Hummels: Die Gesellschaft in einer italienischen Locanda, das E. T. A. Hoffmann in seiner Erzählung *Die Fermate* (1816) beschreibt. Es war im Herbst 1814 auf der Berliner Kunstausstellung zu sehen. Eichendorff bezieht sich auf beide Ereignisse.

73, 1 Deliziöser Einfall: köstlicher Einfall.

73, 3 Divertissement: (frz.) Unterhaltung.

76, 10 Wir Genies: Der Geniebegriff, der sich aus der Epoche des Sturm und Drang herleitet, ist dem lateinischen Verb gignere = hervorbringen, erzeugen verwandt. Eichendorff hatte eine kritische Distanz dem Gebrauch des Begriffes gegenüber. Er verband mit ihm Hybris, gotteslästerliche Erhebung.

77, 37 Pike: heimliche Abneigung, die auf Vergeltung sinnt.

81, 20 Deistutzer: Hut mit drei Ecken.

82, 10 Kollation: Imbiss, Erfrischung.

83, 9 Point d'honneur: hier: Standesbewusstsein.

83, 9 f. Odi profanum vulgus et arceo: (lat.) Ich hasse den Pöbel und distanziere mich von ihm. (Zitat des lat. Schriftstellers Horaz)

83, 18 Clericus clericum non decimat: (lat.) Ein Geistlicher bezahlt keinem Geistlichen etwas.

83, 21 Distinguendum est inter et inter: (lat.) Es gilt zu unterscheiden.

83, 22 Quod licet Jovi, non licet bovi!: Was Jupiter erlaubt ist, ist dem Ochsen nicht erlaubt. (lat. Sprichwort)

83, 31 Aurora musis amica: (lat.) Die Morgenröte ist die Freundin der Musen.

84, 35 Kompendien repetieren: Schulbuchweisheiten wiederholen.

85, 25 Kondiszipels: Mitschüler.

87, 13 Brevier: Stundengebetbuch katholischer Geistlicher.

87, 37 Ludi magister: (lat.) Meister des Spiels. Bezogen auf den Taugenichts Meister des Geigenspiels.

88, 16 Devotion: Ehrerbietung.

88, 22 In Kondition kommen: In Stellung gehen, einen Dienst annehmen.

89, 25 Konfusion: Durcheinander.

90, 26 f. Et habeat (...) fornacem: (lat.) Dem sei Frieden, der hinterm Ofen sitzt.

91, 23 Venit (...) homo: (lat.) Er kommt aus seinem Hause. Glücklich jener Mann!

91, 6 Boreas: kalter Gebirgswind im Norden Griechenlands.

91, 13 f. Beatus ille (...) bonam pacem: (lat.) Glücklich der Mensch, der in seinem Haus hinterm Ofen sitzt und Frieden hat.

92, 4 Rekommandieren: empfehlen.

94, 19 Wir bringen dir den Jungfernkranz: Chorlied der Brautjungfern in der Oper *Der Freischütz* von Carl Maria von Weber, uraufgeführt 1821 in Berlin.

95, 9 Couragiös: mutig.

95, 14 Arkadien: griechische Landschaft, die seit der Renaissance sinnbildhaft für eine paradiesische Hirtenlandschaft steht.

95, 32 Sermon: Predigt.

2.6 Stil und Sprache

Der Taugenichts besticht durch eine äußerst poetische Sprache. Der Erzählstil ist leichtfüßig, wenn auch nicht gerade einfach. Eichendorff verwendet gern das Satzmuster der Reihung, so dass

Satzmuster der Reihung

sich eine Satzperiode häufig über mehrere Textzeilen erstreckt. Erzählt wird in der Ich-Form, Ausdruck der Unmittelbarkeit des Erlebens. Das Taugenichts-Ich jedoch hat keinerlei Abstand zu dem, was es erlebt hat und erzählt. Zwar wird das epische Präteritum verwendet, aber zwischen dem Erlebten und der Erzählgegenwart gibt es nichts, was Distanz zum Erzählten geschaffen hätte. Hier ein Beispiel: „(...) ich habe nur seitdem fast alles wieder vergessen. Überhaupt weiß ich eigentlich gar nicht recht, wie doch alles so gekommen war (...)." (8, 29 ff.) Gelegentlich wechselt der Erzähler ins Präsens. Der Mangel an Distanz ist verantwortlich für den Eindruck der Naivität des Helden, ebenso wie die Tiervergleiche, die in einfachen Wie-Vergleichen (Rohrdommel, Nachteule) anstelle von Metaphern zum Ausdruck kommen.

Eichendorff, als meisterlicher Beschreibungskünstler, kostet das gesamte Spektrum räumlicher Darstellung aus. Durch die Mehrdi-

Mehrdimensionalität

mensionalität entstehen beim Leser plastische Bilder:

„**Hinter mir** gingen nun Dorf, Gärten und Kirchtürme unter, **vor mir** neue Dörfer, Schlösser und Berge auf; **unter mir** Saaten, Büsche und Wiesen bunt vorüberfliegend, **über mir** unzählige Lerchen in der klaren blauen Luft – ich schämte mich, laut zu schreien, aber innerlichst jauchzte ich und strampelte und tanzte auf dem Wagentritt herum. so dass ich bald meine Geige verloren hätte, die ich unterm Arme hielt." (7, 5 ff.)

Auffällig ist, dass der Raum immer wieder nach oben geöffnet wird, typisches Indiz des romantischen Lebensgefühls und seiner Überhöhung in die transzendente Dimension. Wolken und Himmel, Morgenröte, Abenddämmerung und Nacht bestimmen den Lebensrhythmus und drücken die Seelenlage aus. Über die Landschaftsdarstellung bei Eichendorff liegen aus den sechziger

Landschaftsdarstellung

Jahren Forschungsarbeiten vor, deren Ergebnisse hier berücksichtigt werden.[11] Keinem Leser bleibt verborgen, dass es sich nicht um realistische Landschaften handelt, sondern um poetische. Städte und Dörfer bleiben meist namenlos, individuelle Beschreibungen entfallen. Genannt werden stereotype Attribute „prächtig", „licht", „herrschaftlich", „sauber", „schön" u. a. m. Selbst Rom bleibt sehr ungenau. Das wirkliche Rom unterscheidet sich wenig von dem „prächtigen" seiner Kindervorstellung „mit wundersamen Bergen und Abgründen am blauen Meer, und goldnen Toren und hohen glänzenden Türmen" (60, 33 f.). Als er sich Rom wirklich nähert, steigt die Stadt immer prächtiger vor ihm herauf „und die hohen Burgen und Tore und goldenen Kuppeln glänzten so herrlich im hellen Mondschein" (61, 22 ff.). Durch ein „prächtiges" Tor gelangt er in die „berühmte" Stadt. Der Mond scheint zwischen den Palästen, die Brunnen rauschen auf den stillen Plätzen, und erquickende Düfte erfüllen die Luft. Später dann läutet es in der heiligen Stadt von allen Türmen zur Messe (68, 24). Wälder, Dörfer, in die Ferne führende Landstraßen, verblauende Gebirgszüge, aus der Tiefe heraufblitzende Flüsse, Schlösser und Landhäuser, die sich samt den dazugehörigen Park- und Gartenanlagen an Berghänge anschmiegen, dies sind die immer wiederkehrenden Elemente, die im Leser das

---

11 Alewyn, Richard: *Eine Landschaft Eichendorffs*. In: Paul Stöcklein (Hrsg.): *Eichendorff heute*. Stimmen der Forschung mit einer Bibliografie. Darmstadt 1966, S. 19–43
Seidlin, Oskar: *Eichendorffs symbolische Landschaft*. Ebd., S. 218–241

Bild einer romantischen Landschaft hervorrufen. Unbilden der Natur, Regen und Kälte bleiben ausgespart. Die Landschaftsbeschreibung weist jedoch stets eine Tiefendimension auf. Der Blick des Betrachters schweift von einem meist erhöhten Standpunkt in die Ferne:

> *„Wir aber waren fast zu gleicher Zeit in einem Sommerhause angekommen, das am Abhange des Gartens stand, mit dem offenen Fenster nach dem weiten, tiefen Tale zu. Die Sonne war schon lange untergegangen hinter den Bergen, es schimmerte nur noch wie ein rötlicher Duft über dem warmen, verschallenden Abend, aus dem die Donau immer vernehmlicher heraufrauschte, je stiller es ringsum wurde."* (99, 1 ff.).

Die sprachlichen Fügungen enthalten nicht nur den für den Romantiker Eichendorff typischen Fensterblick, aus der Enge des Daseins in die Weite der Unendlichkeit verweisend, son-

Synästhesien

dern auch Synästhesien, die Verknüpfung von verschiedenen Sinnesebenen. Klänge, Licht, Düfte durchfluten die Landschaft, Präfixe (**ver**schallen), Präpositionen und adverbiale Bestimmungen des Ortes werden mit Verben der Bewegung verbunden. Es entsteht eine bewegte Landschaft. Indem ein Subjekt sie wahrnimmt, wird sie zur erlebten Landschaft. „Zielpunkte der Bewegung sind einerseits das erlebende Subjekt und andererseits ein Punkt in der Ferne, von dem dieses mit magischer Kraft angezogen wird."[12]

Der Taugenichts wird meist in Bewegung und im Freien gezeigt, geschlossene Räume haben für ihn etwas Bedrohliches. Im Schloss in den Bergen erfasst ihn Panik, als er sich eingeschlossen sieht. Der Sprung ins Freie enthebt ihn der Angst

---

12 Hans Poser: *J. v. Eichendorff: Aus dem Leben eines Taugenichts.* In: Jakob Lehmann (Hrsg.): Deutsche Novellen von Goethe bis Walser. Interpretationen für den Literaturunterricht. Bd. 1, Scriptor, Königstein Ts. 1980, S. 110

und Enge, die auch in der Landschaft bedrohliche Züge annimmt, wenn der Standort des Betrachters den Blick in die Ferne verhindert. So ist das Schloss in Italien von Bergen umstellt. Es gibt den Blick nach Italien hinein nicht frei. Das Posthorn weckt deshalb Fernweh in ihm. Der Brief Aureliens, den er an sich selbst gerichtet glaubt, befreit ihn zumindest seelisch aus der Enge, die immer wieder überwunden wird. Die Landschaftsdarstellung spiegelt die oft widersprüchliche innere Verfassung des Helden, schwankend zwischen Glück und Angst, Freude und Trauer.

Wichtig ist auch die Tageszeit, in der das Ich eine Landschaft betrachtet. Dieselbe Landschaft kann am Morgen Züge der Weite und Freiheit tragen, aber am schwülen Mittag einengen und niederdrücken. Dies ist die häufigste Zeit, in der ihn das Heimweh nach des Vaters Mühle erfasst. Der Taugenichts jauchzt innerlichst (7, 9), als er am Morgen den Wagentritt besteigt, aber in der Mittagsschwüle zeigt sich ihm die Landschaft als eine „weite Fläche so leer und schwül und still" (7, 14 f.). Vor allem der kühle Morgen lockt zum Aufbruch in die Ferne, während der Abend die Landschaft in poetischen Glanz taucht, erfüllt von Düften und Klängen.

Im Taugenichts wird hinter dem naiven Ich-Erzähler aber auch immer wieder der Autor deutlich, der sich mit dem Leser augenzwinkernd in ironischer Weise verständigt. Hierher gehört der Gebrauch von Sprichwörtern und Redensarten, die gehäuft und gereiht werden. Da sie dem Leser bekannt sind, stellt sich eine geheime Übereinkunft mit dem Autor ein. Der Ich-Erzähler ist Geschöpf des Autors, dem er mit Sympathie und Ironie gegenübersteht.

Geheime Übereinkunft mit dem Autor

> *„Durch diese ganz außergewöhnliche Erzählhaltung, in der die*
> *Perspektive des erlebenden Ich durch die Interferenz (Überlage-*
> *rung, Überschneidung) des Autors in der Schwebe gehalten*
> *wird, entsteht eine besonders artistische Prosa, deren Charak-*
> *teristikum das Element des Spielerischen und Absichtslosen ist."*[13]

Die Ironie ist aber immer nur angedeutet, sie erhält dem Taugenichts stets die Lesersympathie, zum Beispiel bei der Behauptung, die berühmten Renaissancemaler Leonardo (da
Vinci) und Guido (Reni) „wie seine eigene Tasche" zu kennen,
weil er mit ihnen gereist sei, oder bei der Behauptung, sich
nicht in Italien verständigen zu können, wenngleich er das
Gespräch mit dem Buckligen für den Leser fast auf Anhieb
verständlich wiedergibt (42, 25 ff.). Dort heißt es u. a.: „(...) er
frug und frug immer wieder; je mehr wir parlierten, je weniger verstand einer den andern, zuletzt wurden wir beide schon
hitzig" (42, 32 ff.). Die Diskussionen mit dem Buckligen
ebenso wie mit dem Papagei in Rom tragen darüber hinaus
parodistische Züge. Der Gebrauch der Sprache selbst wird
zum Charakteristikum für die Personen, die sie verwenden.
Auffällig ist dies beim Zusammentreffen mit den Prager Studenten und in der Gesellschaft auf dem Postschiff auf der
Donau. (85, 5 ff.)

Eingestreute Lyrik

Den Reiz der Erzählung unterstreicht
aber nicht zuletzt die eingestreute Ly-
rik, die auch noch strukturierende Funktion besitzt. Die Lieder haben einen solchen Bekanntheitsgrad erreicht, dass sie
für Volkslieder gehalten werden. Zum einen können sie als
Bestandteil des romantischen Romans gelten, zum andern un-
terstreichen sie die vorherrschende Stimmungslage und nicht
zuletzt verdichten und überhöhen sie die Erzählung poetisch.

---

13 Ebd., S. 115

Die Lieder als Stimmungsbarometer charakterisieren die Stimmungslage des Subjekts. In *Wem Gott will rechte Gunst erweisen* werden die Wanderlust und die Verehrung Gottes in seiner Schöpfung leitmotivisch herausgehoben. Im aufbrechenden Taugenichts wird das Gegenbild zum Philister, zum Trägen, der zu Hause liegt, entwickelt. *Wohin ich geh und schaue* unterstreicht die Sehnsucht angesichts der Unerfüllbarkeit der Liebe. *Wer in die Ferne will wandern* stellt eine Hommage an Deutschland dar, ebenso wie *Die treuen Berg' stehn auf der Wacht* Österreich besingt. Im Lied der Prager Studenten klingt die Tradition der Studentenlieder mit ihren lateinischen Abschlussversen an. Überaus lyrisch sind die beiden sehr bekannten und verbreiteten Lieder *Wenn ich ein Vöglein wär'* und *Schweigt der Menschen laute Lust*, ebenfalls leitmotivartig eingesetzt als Erkennungslied Guido/Floras. Die Beliebtheit des Liedes *Wenn ich ein Vöglein wär'* ist nicht zuletzt aus der Tatsache zu erklären, dass man mit ihm die fernen Möglichkeiten einer Poesie auskosten kann, ohne dass an eine Realisierung in der Wirklichkeit gedacht werden muss. Auch der Philister kann mitsingen, es spannt keine Erwartungen auf, die es zu erfüllen gilt, da es im Konjunktiv gehalten ist. In allen Liedern Eichendorffs finden wir die anspruchsvollen Motive romantischer Poesie, darüber darf auch der schlichte und vertraute Volksliedton nicht hinwegtäuschen.

> Lieder als
> Stimmungsbarometer

2.7 Interpretationsansätze[14]

Benno von Wiese hat eine ausführliche Interpretation zu Eichendorffs Novelle *Aus dem Leben eines Taugenichts* vorgelegt.[15] Für ihn ist der *Taugenichts* keine Problemdichtung, sondern vor allem durch die Stimmung charakterisiert, durch ihre Nähe zur Musik und Lyrik. Nur von der Seele aus wird die Bedeutung der Welt gesehen.

> Nur von der Seele aus wird die Bedeutung der Welt gesehen

„Alles ist unbestimmt, fast wie im Traum, aber zugleich rührend wahr und schlicht und auf naive Weise innig." (Wiese, S. 80) Es handelt sich um eine typische Ich-Erzählung eines Erzählers mit dem „ewigen Sonntag im Gemüte." Der Reiz liegt nicht in der Verwechslung und Verwirrung, sondern im Atmosphärischen. Durch zarte Ironie und liebevollen Humor beglückt die Erzählung ihre Leser (Wiese, S. 81). Es handelt sich um ein märchenhaftes Geschehen, um märchenhafte Stationen, aber anders als im Märchen geschieht alles auf natürliche Weise. Taugenichts ist einer der reinen Toren, die sich zwar in der Welt nicht zurechtfinden können, denen aber alles zu ihren Gunsten ausschlägt, ein Glückskind, das Gott, der Dichter und die Leser lieben. Sein Attribut ist die Geige, er ist Künstler, darin liegt sein poetisches Verhältnis zur Welt begründet.

Sein Leben vollzieht sich in der reinen Gegenwärtigkeit, nicht auf Zukunft und Ziel ausgerichtet. „Reinheit der Seele, Kindlichkeit, Torheit und poetische Teilhabe an der Welt sind miteinander identisch." (Wiese, S. 84)

---

14 Einen Überblick über die zahlreichen Interpretationsansätze gibt Alexander von Bormann: *Joseph von Eichendorff, Aus dem Leben eines Taugenichts.* In: *Interpretationen.* Erzählungen und Novellen des 19. Jahrhunderts. Band 1, Reclam Literaturstudium, Stuttgart 1988, S. 339–376

15 Benno von Wiese: *Die deutsche Novelle von Goethe bis Kafka.* Interpretationen. Düsseldorf 1956, S. 79–96

Dabei ist der Taugenichts eine leise ironisierte Gestalt, seine Täuschungen geschehen aus Illusionen. Die Ironie entwertet sie nicht, weil **er** selbst sie verwendet. Sie bleibt ein „leise verhaltenes Lächeln" des Dichters über „das Närrische" und sichert dem Glücksmärchen den Raum in der Wirklichkeit.

In der Wanderschaft stoßen Glücksverlangen und die Gefahr des Sich-Verlierens aufeinander. Die Spannung von Heimat und Ferne bestimmt den Aufbau der Erzählung. Die schöne Frau erscheint geheimnisvoll fern in der Heimat und geheimnisvoll nah im „falschen Italien". Aus dem Gegensatz resultiert zuweilen eine große Traurigkeit, die immer dann auftritt, wenn er sich ohne Beziehung zur Welt fühlt. Doch selbst die Schwermut wird poetisch erlebt. Fundamental ist der Einklang der Seele mit der Natur. Aus dem Kontrast von Wirklichkeit und Poesie erwächst der Humor. Zu Gunsten der Poesie wird der Kontrast immer wieder beseitigt. Insgesamt ist der *Taugenichts* ein Märchen. Das Novellistische liegt in der Konfusion.

> Insgesamt ist der *Taugenichts* ein Märchen

Märchenheld ist der Taugenichts, weil er das Poetische als real und das Fantastische als wirklich nimmt, den Gegensatz zwischen Wirklichkeit und romanhafter Welt (Fiktion) kennt er nicht. Auch die Liebe ist poetisch überhöht. Die schöne Frau ist Inbegriff des Schönen schlechthin. Der Raum der Liebe ist der Garten, das Paradies. Aus der Gefahr der Entwurzelung in Italien (Verführung durch die italienische Gräfin) kehrt er zu seinem Ursprung in den Garten zurück.

Die Erzählung ist ein Glücksmärchen in Gestalt einer novellistischen Erzählung. Die natürliche Kausalität wird niemals durch Wunderkausalität durchbrochen.

Philologisch anspruchsvoll setzt sich Dierk Rodewald mit dem *Taugenichts*[16] auseinander. Er beschäftigt sich mit der Ich-Er-

---

16 Dierk Rodewald: *Der Taugenichts und das Erzählen.* In: Zeitschrift für deutsche Philologie 92, 1973, S. 231–259

zählung, deren naive Erzählposition er anzweifelt. Vielmehr sieht er hinter dem Erzähl-Ich den Autor, der durch den Taugenichts hindurch stets präsent ist und miterzählt. Rodewald macht seine Thesen jeweils an Textstellen fest. Schon der Titel lässt für ihn keinen Zweifel daran, dass der Held ein Taugenichts ist. Er sei ironisch gemeint, nicht im Sinne stilistischer, sondern struktureller Ironie. Dass die Auflösung der Konfusion für den Taugenichts ebenso wie für den Leser erst im letzten Kapitel erfolgt, bedeute neben der Funktion der Spannungserhaltung auch, dass der Leser gefoppt werde. Der Vater nennt seinen Sohn einen Taugenichts. Indem der Sohn die Rolle annimmt und märchenhaft umfunktioniert, beginnt ein Experiment, das im Nachfolgenden eingelöst wird. Die

Experimentalsituation

Experimentalsituation des Anfangs findet ihre Entsprechung im „Sermon" des Herrn Leonhard, wo der Taugenichts ausdrücklich als Mitspieler in einem Roman bezeichnet wird (97, 20). Sein Aufbruch in die Welt war daher ein literarisches Unternehmen. Das Ich ist also eine Charaktermaske im Sinne von per-sonam, durch das Ich wird hindurcherzählt. Dabei ist die typische Erfahrensweise des Taugenichts „Nichtwissen, wie ihm geschieht", trotz des „Nachsinnens", „Philosophierens" und „Meditierens" in vielen Situationen. Sein Denken erschöpft sich im Reihen von Lebensweisheiten in Form von Sprichwörtern und Redensarten und in der Konstruktion falscher Kombinationen. Schwierige Situationen werden durch Schlafen überbrückt. Er passt sich an die Situationen an, hinterfragt sie auch dann nicht, wenn sie ihm unverständlich sind. Der Leser befindet sich in der gleichen Situation. Wollte er aber Aufklärung für sich selbst, so wäre er beim Vorgang des Lesens nur auf Indizien angewiesen. Die Handlung liegt hinter dem Erzählten. Sie bleibt auch für den Leser bis zum zehnten Kapitel verborgen. Das Erzähler-Ich hat kein Wissen über ein Davor und Danach. Es ist eingebunden in das Motiv des weltfremden, bald fröhlichen, bald traurigen Narren, der im Falschen das Richtige bestätigt sieht. Er bleibt der Narr, ohne Überblick über das, was er als Quasi-Erzähler darbietet. Von daher ist er eine gelenkte Figur. Es vollzieht sich an ihm keine Wandlung, was als wesentliches Element der strukturellen Ironie gilt. Auf Grund der Konstruktivität des Textes kann die Auflösung mit wenigen Worten erfolgen. Der Schlusssatz kehrt zum Titel zurück, indem er den Leser durch den Gebrauch des Präteritums „<u>war</u> alles gut!" darauf hinweist, dass es sich nur um eine Phase im Leben gehandelt hat, eine beachtenswerte Variante zur märchentypischen Formel, die das Glück durch ein „noch heute" in die Gegenwart hinein verlängert. Daher handelt es sich um eine idyllische Utopie.

Idyllische Utopie

Eine Interpretation neueren Datums legt Ansgar Hillach[17] 1993 vor. Die wesentlichen Gedanken sollen hier referierend vorgetragen werden. Hillach sieht die im *Taugenichts* enthaltene Symbolik vor dem Hintergrund der Lebenserfahrungen Eichendorffs. Wahrheit und Wirklichkeit wurden in den Manifestationen des geschichtlichen Lebens der Völker gesucht, in ihrer Individualität, ihrer Poesie und ihren Mythen. Im katholischen Mittelalter erschien den Romantikern ein wieder erweckbares Inbild zu bestehen. Der Verfasser aber senkt der Novelle auch die Melancholie darüber ein, dass der Zeit der romantischen Aufschwünge durch die geschichtliche Entwicklung der Lebensgrund eigentlich entzogen ist. Hillach betont, dass die Bewegung, die gleich zu Anfang der Novelle eigen ist, zwar mitreißt, doch die Landschaft ist schematisiert, sie ist

---

17 Ansgar Hillach: *Aufbruch als novellistisches Ereignis*. Joseph von Eichendorff: Aus dem Leben eines Taugenichts. (1826) In: Winfried Freund (Hrsg.) Deutsche Novellen. UTB Fink, München 1993, S. 73–83

keine Schilderung im Sinne episodischer Fülle, sondern Teil der Handlung. Sie wird strukturiert von einem beschränkten Bildvorrat (Berge, Schlösser, klare blaue Luft, Himmel, Wolken, Lerchen) und von rhythmischer Bewegung. Die tatsächliche Bewegung des Reisewagens wird Abbild der inneren Bewegung des Taugenichts. Hillach führt an, dass die Bewegung in die Weite kosmisch zu verstehen ist. Die Mitte des Tages ist seit alters her als Ort der Schwerkraft angesehen worden. Bei Eichendorff und im *Taugenichts* ist sie Kontrapunkt zum aus dem Morgen geborenen Aufbruch. Der Taugenichts reagiert auf den Mittag, indem er einschläft. Sein Erwachen versetzt ihn in eine neue Umgebung. Als Märchenheld erlebt er Wunder auf Wunder, oder auch nur Wunderliches, wie im Bergschloss. Der Blick des Taugenichts macht die Vorgänge verwunderlich und absonderlich. „So entsteht ein vergnügliches Stück Satire über die Lebensform einer hochfeinen Gesellschaftsschicht von Adligen, Schranzen und Bediensteten, die sich seit der Französischen Revolution eigentlich auch in deutschen Landen überlebt hatte."[18] Wichtig für den Taugenichts ist das Erwecken erotischer Gefühle. Die einmal geweckte Sehnsucht übersteigt das Liebesziel. Evoziert werden die heilige Jungfrau und die Himmelskönigin. Wenngleich der Taugenichts der Gefahr, sich zum Philister zu degradieren, nicht erliegt, so wird er doch in seiner heftigen Reaktion auf alles Philiströse gegenüber dem Portier in ein ironisches Licht getaucht. Hier ergibt sich eine Ähnlichkeit zu Miguel Cervantes' *Don Quijote*, des verspäteten Ritters, der durch kein Scheitern von seiner fixen Idee abzubringen ist. Der Taugenichts ist eine Figur mit Brechungen. Er ist das kindlichste und märchenhafteste unter den Geschöpfen Eichendorffs. Das

Ähnlichkeit zu Miguel Cervantes' *Don Quijote*

---

18 Ebd., S. 78

Aufbruchverhalten des Taugenichts entspringt nicht aus einem kontemplativen Verhalten der Figur, sondern aus einer dynamischen Haltung. Mit der Geige verbannt er Trübsinn und Ängste und wirkt in heitere Gesellschaften hinein. Alleinsein bedeutet ihm Gefahr, die ihm aus großer Stille der Natur oder eintönigem Rauschen, aus dem Ausgeschlossensein aus der Gesellschaft erwächst. Wohl fühlt sich der Taugenichts im aktiven Leben, im Licht und in der Offenheit. Er muss aus dem Walde, aus der Nacht herauskommen. (36, 35 f.)

Italien, Ziel des erneuten Aufbruchs, zielt auf die Kunstutopie. Angespielt wird mit Guido Reni auf die Künstlergruppe der Nazarener. Des Taugenichts befreiendes Agieren wird in Rom angestiftet durch komische, missverstandene und hintergründige Verwicklungen. Die Begegnung mit der römischen Gräfin endlich stachelt seine Aufbruchstimmung erneut an. Der Reisevorgang wird zur Lebensreise, von der nur ein Ausschnitt erzählt wird. Sie ist im Hinblick auf die irdische Liebeserfahrung und ihre Verwirrungen doch nur ein „Poetenmantel, den jeder Fantast einmal in der kalten Welt umnimmt, um nach Arkadien auszuwandern" (95, 12–14). Hillach verweist hier auf die Rückkehr nach Wien als das Zentrum des Heiligen Römischen Reiches Deutscher Nation, geschichtlich zentral für die ideellen Gehalte romantischer Geschichtsauffassung. Dass die Zuordnung zu einer Gattung nicht eindeutig gelingen kann, ist romantisches Programm der Mischung. „Novelle" ist im *Taugenichts* laut Ansgar Hillach das, was im Versroman des Mittelalters durch „aventiure" bezeichnet wird. Ein Lebensweg ist zu erkennen, „dicht gewirkt und in der Balance gehalten zwischen Staunen und Ironie."[19]

---

19 Ebd., S. 83

3. Themen und Aufgaben

Die Lösungstipps beziehen sich auf die Kapitel der vorliegenden Erläuterung.

1) Thema: Der Erfolg des *Taugenichts*
Lösungshilfe:
Vorwort

▶ Machen Sie Angaben über die Zeiten, in denen der *Taugenichts* besonders großen Erfolg gehabt hat. Geben Sie mögliche Gründe dafür an und argumentieren Sie, inwiefern in unserer Zeit dem Text Popularität zugesprochen werden kann.

▶ Finden Sie Argumente für eine mögliche Popularität des *Taugenichts* heute.

2) Thema: Der Autor des *Taugenichts*
Lösungshilfe
1.1, 1.2

▶ Finden Sie im Hinblick auf den *Taugenichts* Parallelen im Leben Joseph von Eichendorffs. Berücksichtigen Sie dabei positiv seine Jugend und negativ seine wirtschaftliche Lage als Referendar und Assessor im preußischen Staatsdienst in Breslau.

▶ Überlegen Sie, welche Anstöße sich für die Entstehung und Handlung des Textes daraus ergeben könnten.

▶ Machen Sie Angaben zur literarhistorischen Einordnung Eichendorffs.

1.3

▶ Nennen Sie wesentliche Werke des Autors.

3) Thema: Die Geschichte der Entstehung des *Taugenichts*
Lösungshilfe

▶ Tragen Sie zusammen, was Sie über den Schreibprozess am *Taugenichts* wissen.
1.3

▶ Führen Sie Indizien für seine Datierung an.

▶ Stellen Sie dar, zu welchen interpretatorischen Einsichten ein Vergleich mit der Handschrift führen kann.

4) Thema: Der Inhalt des *Taugenichts*
Lösungshilfe

▶ Versuchen Sie, den Inhalt des *Taugenichts* zusammenzufassen, indem Sie jeweils zwei Kapitel unter dem Aspekt des Aufbruchs und der Ankunft strukturiert stichwortartig wiedergeben.
2.2, 2.3

5) Thema: Der Aufbau der Erzählung vom *Taugenichts*
Lösungshilfe

▶ Diskutieren Sie die Strukturskizze unter dem Aspekt ihrer Stichhaltigkeit.
2.2, 2.3

▶ Entwerfen Sie eine andere Strukturskizze, die der Struktur des Textes ebenfalls gerecht wird. Arbeiten Sie u. U. dabei mit Stationen der Handlung.

6) Thema: Die Personen und Charaktere im *Taugenichts*
Lösungshilfe

▶ Finden Sie eine Einteilung für die Personen der Erzählung.
2.4

▶ Charakterisieren Sie den Taugenichts als Märchenhelden und als Künstlerfigur.

▶ Sprechen Sie über die Stellung der Personen zueinander und im Hinblick auf den Taugenichts.

▶ Charakterisieren Sie die Figur des Philisters.

7) Thema: Stil und Sprache im *Taugenichts*

Lösungshilfe

2.6

▶ Führen Sie sprachliche und stilistische Eigenarten des Textes auf und geben Sie dafür Beispiele aus dem Text.

▶ Sprechen Sie über Eigenarten im Satzbau.

▶ Bestimmen Sie die Funktion des Präteritums.

▶ Erörtern Sie die Funktion des Raums.

▶ Bestimmen Sie die Besonderheiten des Ich-Erzählers in der Erzählung.

▶ Welche Bedeutung ist der Landschaftsdarstellung und den immer wiederkehrenden Elementen beizumessen?

▶ Was sind Synästhesien und welche Bedeutung haben sie in Texten der Romantik?

▶ Sprechen Sie über die Bedeutung der jeweiligen Tageszeit.

8) Thema: Intention der Novelle

Lösungshilfe

2.2, 2.6

▶ Diskutieren Sie auf Grund des Inhalts die These, dass Eichendorff mit dem Verwirrspiel seine Leser foppt.

▶ Bezeichnen Sie Stellen, in denen Ironie zum Ausdruck kommt.   2.4

▶ Bezeichnen sie humorvolle Textstellen.   2.6

---

9) Thema: Die Gattungsproblematik im *Taugenichts*   Lösungshilfe

▶ Tragen Sie Merkmale zusammen, die der Gattung „Märchen" gerecht werden.   2.7, Vorwort

▶ Zeigen Sie Züge, die den Text unter dem Aspekt novellistischen Erzählens rechtfertigen.   2.3, 2.6

▶ Finden Sie heraus, inwieweit der Text typisch romantische Züge trägt.   5.

---

10) Thema: Die Rezeption des *Taugenichts*   Lösungshilfe

▶ Subsumieren Sie die Rezeption des *Taugenichts* unter gliedernde Aspekte.   4.

▶ Prüfen Sie, welche der vorgetragenen Gründe für die verbreitete Rezeption Ihrer eigenen Auffassung am nächsten kommt.

▶ Problematisieren Sie die Überzeugungskraft individueller Zugänge für den zeitgenössischen Leser.

---

11) Thema: *Der Taugenichts* – Ein Aussteiger?   Lösungshilfe

▶ Zählen Sie Bewegungen in der neueren Geschichte und Moderne auf, die durch Anwachsen der Aussteigerzahlen aus der Gesellschaft gekennzeichnet sind.   4.

▶ Schlagen Sie im Lexikon[20] nach, was die **Bohème** des frühen 20. Jahrhunderts charakterisiert.

Literaturlexikon

▶ Vergleichen Sie die Bohème mit der Flower-People-Bewegung (Hippies) der 1970er Jahre.

Konversationslexikon

▶ Stellen Sie grundsätzliche Abweichungen und tendenziöse Gemeinsamkeiten mit der geschichtlichen Situation der Entstehungszeit des *Taugenichts* fest.

▶ Prüfen Sie, ob der Taugenichts als Aussteiger aus der Gesellschaft gelten kann.

---

20 Gero von Wilpert: *Sachwörterbuch der Literatur.* 8. verbesserte und erweiterte Ausgabe. Stuttgart (Kröner) 2001, Stichwort: Bohème

4. Rezeptionsgeschichte

Die Rezeptionsgeschichte des *Taugenichts* ist sehr umfangreich. Daher werden im nachfolgenden Kapitel Stimmen zu folgenden Schwerpunkten gehört:

1. Stimmen anerkannter Dichter
2. Stimmen von Kritikern
3. Stimmen von Literaturwissenschaftlern, unter Berücksichtigung der NS-Zeit
4. Adaptionen des *Taugenichts* (Umsetzungen in andere Gattungen, Ballett, Film)
5. Literarische Bearbeitungen des *Taugenichts*

1. Theodor Fontane äußert sich in einem Brief an Paul Heyse vom 6. Januar

Stimmen anerkannter Dichter

1857 zum *Taugenichts*. Er hält ihn „nicht mehr und nicht weniger als eine Verkörperung des deutschen Gemüts, die liebenswürdige Type nicht eines Standes bloß, sondern einer ganzen Nation". Thomas Mann apostrophiert ihn in seinen *Betrachtungen eines Unpolitischen* „exemplarisch deutsch [...] in seiner Anspruchslosigkeit rührendes und erheiterndes Symbol reiner Menschlichkeit"[21] und Ferdinand Freiligrath schickt die Novelle am 22. Mai 1840 an seine spätere Frau Ida Melos mit den begleitenden Worten: „Das ist rechte Strolcherei. Sie müssen die Geschichte in der ersten freien Stunde lesen, und werden sich durch die feierlichste Heiterkeit und das nobelste Lachen belohnt finden, in die Sie je durch Lektüre hineingekommen sind."[22] Selbst Kritiker der romantischen Bewegung, Theodor Echtermeyer und Arnold Runge, nennen den *Taugenichts* „liebenswürdig".

---

21 Thomas Mann: *Betrachtungen eines Unpolitischen*. In: Gesammelte Werke. Frankfurt 1960, Bd. 12, S. 381 f.
22 Zitiert nach Eichendorff, *HKA XVIII/1*, S. 527

„*Es ist die eingefleischte Poesie, aber nicht die wahre Poesie [...] die Poesie der genialen Willkür, die sich nicht weiß, die sich nach Belieben gehen lässt, in der Welt ohne weiteres herumschlendert und überall nicht herauskommt aus dem tierischen Instinkt der borniertesten Naivität.*"[23]

Das positive, humorig erheiternde Urteil von Willibald Alexis finden Sie in den Materialien (s. S. 88 f.) vor.

Kritiker

2. Wolfgang Menzel kritisiert unmittelbar nach dem Erscheinen im *Literatur-Blatt* den *Taugenichts* 1826 mit scharfen Worten:

„*Man erwartet etwas Komisches und findet nur langweilige Rührung. Der ‚Taugenichts' taugt gar nichts, und hat nicht einen Fetzen von jener göttlichen Bettelhaftigkeit der Tagediebe bei Shakespeare und Cervantes, es fehlt ihm alles, was man Humor nennt. [...] Es sind jugendliche Herzensergießungen von der gewöhnlichen Art, voll Saft, aber ohne Kraft.*"[24]

1859 äußert derselbe sich erheblich versöhnlicher zu dem Text, an dem er aber weiterhin gestalterische Mängel findet. Er schreibt u. a.:

„*Der Taugenichts ist ein armer Junge, der mit einer Geige singend in die Welt hinausgeht und von zwei Damen hinten auf dem Wagen mitgenommen wird, weil sein Gesang und Spiel sie ergötzt. [...] Das Ganze läuft auf eine romantische Mystifikation hinaus, die gar anmutig durchgeführt ist. [...] Auch ist der Dichter etwas nachlässig gewesen, indem beim Abschied des Taugenichts noch Schnee vom Dache schmilzt und er an demselben Tage noch durch wogende Kornfelder wandert.*"[25]

---

23 Wigands *Conversations Lexikon* 184, 9. Lieferung, April 1840
24 Zitiert nach Eichendorff, *HKA XVIII/2*, S. 137
25 Ebd. S. 1274 f.

3. Die Literaturwissenschaft hält zwischen den beiden Weltkriegen an der
Identifikation Eichendorffs und seines Helden mit dem „deutschen Wesen" fest. Im Vorwort wurde auf den Eichendorff-
Herausgeber Wilhelm Kosch und seine Anschauung verwie-
sen. 1932 nannte auch Benno von Wiese in einer Rede[26] den
Taugenichts feinfühlig poetisch und diese Eigenschaften erschienen ihm „restlos deutsch." Das Alltägliche wird in Poesie
verwandelt, von kaum einem deutschen Dichter ließe sich
sagen, dass er „so ganz Gemüt, stilles, liebevolles Schauen
gewesen" wie Eichendorff, kaum einer, der so restlos deutscher Dichter gewesen und nur verstehbar unter deutschen
Voraussetzungen.

Literaturwissenschaft

Wenn in der NS-Zeit der *Taugenichts* als Leitbild für die Ide-
ologie des „deutschen Menschen" stilisiert wurde, so musste
auf ihn, den poetischen Müßiggänger, schöpferisches Streben
projiziert werden. Dies versucht Walter Hildebrandt.[27] Auf
den *Taugenichts* wird allerdings wenig Bezug genommen,
dafür wird das deutsche Sendungsbewusstsein Eichendorffs
als Vermächtnis für die Gegenwart gefeiert. Hildebrandt hebt
hervor, dass diejenigen, die den Müßiggang zum Daseins-
prinzip des Taugenichts erhoben hätten[28], irrten. Der Taugenichts wird als Gegentyp des Philisters, nicht aber des Pflicht-
menschen gesehen. „Jeder Pflichtmensch", das sei die Botschaft
Eichendorffs, „soll in seinem Herzen auch Raum haben für
diese innere Freiheit und für diesen weltweiten Horizont des
Sehnsuchtmenschen, weil er sonst dazu verurteilt wäre, seelisch zu verdorren."[29]

---

26 Benno von Wiese: *Rede über Eichendorff*. In: Zeitschrift für deutsche Bildung 9 (1933), S. 71 f.
27 Walter Hildebrandt: *Eichendorff. Tragik und Lebenskampf in Schicksal und Werk*. Diss. Danzig 1937
28 Genannt werden die Literarhistoriker Minor, Kluckhohn und von Grolmann.
29 Walter Hildebrandt, *Eichendorff*. Diss. Danzig 1937, S. 46 f.

Die Nachkriegsgermanisten haben sich seither um ein differenziertes Eichendorffbild und um eine vielschichtige *Taugenichts*interpretation gekümmert. Zu ihnen gehören Richard Alewyn, Oskar Seidlin, Jost Hermand, Benno von Wiese, Eberhard Lämmert und in neuester Zeit Alexander von Bormann, Wolfgang Paulsen, Ansgar Hillach und nicht zuletzt Günther Schiwy, der 2000 bei C. H. Beck eine Eichendorff-Biografie mit neuen Aspekten des Lebens und des Werkes vorgelegt hat.

Adaptionen

4. Hugo von Hofmannsthal hat zum *Taugenichts* einen Ballettentwurf verfasst. Im Juli 1910 hatte er den *Taugenichts* gelesen und in die *Deutschen Erzähler* aufgenommen.[30]

Insgesamt sind drei Verfilmungen zum *Taugenichts* entstanden. 1922 ein deutscher Stummfilm, in dem nur die komischen Verwicklungen an Eichendorff erinnern, die neue Figur eines Zauberers wird hinzu erfunden. Das Filmpublikum hat damals den Stummfilm-Klamauk laut Bericht der *Illustrierten Filmwoche* (Nr. 36, 1922) positiv aufgenommen.

1972/73 entstand in der ehemaligen DDR eine Verfilmung. Die Titelrolle spielte der amerikanische Schauspieler und Sänger Dean Reed. Die Kritik betonte die Schwierigkeit des DDR-Sozialismus mit dem unpolitischen, musischen Helden.[31]

1977 entstand in der Bundesrepublik ein Film unter der Regie von Berhard Sinkel. Da der Film in der Studentenbewegung konzipiert wurde, trägt er deutlich ihre Züge. Als er nach dem Mord an Hanns Martin Schleyer durch die RAF in die Kinos kam, musste sich der Zuschauer von den Chiffren und Anspielungen unangenehm berührt fühlen.

---

30 Hugo von Hofmannsthal: *Taugenichts*. In: Rudolf Hirsch: Zu Zwei Tanzdichtungen Hofmannsthals. Hofmannsthal Blätter (1971), S. 418–420 (Text der erhaltenen Blätter)

31 Rulo Melchert: *Eine Lanze für die Romantik?* In: Junge Welt, 15. Mai 1973

Die Filme können für den Umgang mit dem Text heute nicht mehr weiterhelfen.

5. Hermann Hesse hat mit seinem *Peter Camenzind* (1904) und *Knulp*

Bearbeitungen

(1925) Vagabundenliteratur geschaffen, die dem Lebenspathos des *Taugenichts* ähneln. In diese Reihe gehören auch Manfred Hausmanns *Lampioon küsst Mädchen und kleine Birken* (1928), Gerhard Hauptmanns *Der Narr in Christo Emanuel Quint* (1910) und Klabunds *Bracke* (1918). Kunst und Kitsch haben sich der Figur immer neu bemächtigt, und Protestbewegungen wie die Bohème des 19. und die Flower-People des 20. Jahrhunderts bringen mit dem *Taugenichts* die Sehnsucht nach echterem Menschentum zum Ausdruck. Sie sind unter der Marke „romantisch-utopischer Antikapitalismus" in die Geschichte eingegangen.[32] Ein vergleichendes Urteil zum *Taugenichts* wird der Leser selbst finden müssen.

---

32 Vgl. Jost Hermand: *Der ‚neuromantische' Seelenvagabund.* In: Wolfgang Paulsen (Hrsg.): Das Nachleben der Romantik in der modernen deutschen Literatur. Heidelberg 1969, S. 95–99, 112–115

5. Materialien

Um einen Eindruck davon zu gewinnen, wie die zeitgenössische Kritik den *Taugenichts* aufgenommen hat, werden hier zwei Kritiken festgehalten. Die erste stammt von Willibald Alexis (1798–1870), einem einflussreichen Kritiker. Er erklärt den Taugenichts zum Österreicher und schreibt in den *Blättern für literarische Unterhaltung* vom 29. Juli 1826[33]:

„Wer einmal Lust empfindet, ein ewiges Sonntagsleben lesend mitzugenießen, der vergnüge sich bei dieser von Frühlingslust durchhauchten Novelle. Von ‚Sorgen, Last und Not um Brot' ist darin keine Spur zu treffen; es ist die Schilderung eines Schlaraffenlandes und -Lebens, und doch ist das Land geografisch ein sehr wohl bekanntes, voll Plackereien, Prellereien und Nöten aller Art für Reisende und Einwohner, und Menschen sind wirkliche Menschen, wie sie uns wohl begegnen mögen. Einen solchen Zustand, in den Künstler und Dichter sich nur zu häufig aus den Drangsalen um sie versetzt wünschen, ihn aber selten anders als im Lande der Fantasie antreffen, hat der Dichter hier verstanden, aus Materialien zu erbauen, die ganz aus diesem bedrängten Erdenleben entnommen sind. Dies war der Probestein des wahren Dichters. Den Vorwurf des Unwahrscheinlichen im Einzelnen kann der Autor, wo innere Wahrheit jeder Erscheinung zum Grunde liegt, leicht von sich wehren. Uns, in Norddeutschland, dünkt eine solche Glückseligkeit ohne Arbeit zwar unbegreiflich; hier würde eine strenge Kritik den Taugenichts ins Arbeitshaus treiben; warum wollen wir aber unsere Ansicht überall mit hinüberbringen? Wir können uns doch auch einmal in einem solchen sorglosen gemütlichen Leben freuen, zumal wenn es, so durch und durch harmlos,

---

33 Zitiert nach *HKA XVIII/1*, S. 131

nur die liebenswürdige Seite des menschlichen Charakters hervor-
hebt. Der Held konnte daher auch nur ein Österreicher sein. Fröh-
liches Blut, Liebe und Wein, ein heiterer, nirgends zu tief eindrin-
gender, aber auch vermöge des Gemüts nicht bei der bloßen
Oberfläche der Erscheinung flüchtig und absprechend vorüber-
eilender Sinn, und originelle Auffassung der Wunderdinge, die ihm
in der Welt begegnen, charakterisieren ihn zum Teil auch wohl
den Dichter mit."

Clemens Brentano (1778–1842), Dichter der Romantik
hat sich mit dem Philister auseinander gesetzt.[34] **Unter**
dem Titel *Schilderung eines Musterphilisters, welcher sich*
zuletzt in eine ganze Musterkarte von Philistern aufrollt,
schreibt er u. a.:

„*Wenn der Philister morgens aus seinem traumlosen Schlafe wie*
ein ertrunkener Leichnam aus dem Wasser herauftaucht, so pro-
biert er sachte mit seinen Gliedmaßen herum, ob sie auch noch
alle zugegen: Hierauf bleibt er ruhig liegen, und dem anpochenden
Bringer des Wochenblatts ruft er zu, er solle es in der Küche
abgeben, denn er liege jetzt im ersten Schweiß und könne, ohne ein
Wagehals zu sein, nicht aufsteh'n; sodann denkt er daran, der
Welt nützlich zu sein. [...] Seine weiße baumwollne Schlafmütze,
zu welchen diese Ungeheuer große Liebe tragen, sitzt unverrückt,
denn ein Philister rührt sich nicht im Schlaf. [...] Auf die Haut
selbst kommt er sich nie; sodann geht es an [...] irgendeine abson-
derliche Art sich zu waschen, nach einer fixen Idee, kalt oder
warm sei gesund; sodann kaut er Wacholderbeeren, während er
an das gelbe Fieber denkt; oder er hält seinen Kindern eine Ab-
handlung vom Gebet und sagt, wenn er sie zur Schule geschickt, zu
seiner Frau: ,Man muss den äußeren Schein beobachten, das er-

---

34 Clemens Brentano: *Der Philister vor, in und nach der Geschichte. Scherzhafte Abhandlung.* In:
    Clemens Brentano, Werke 2, Studienausgabe Hanser, München, 2. Aufl. 1973, S. 959–1003

hält einem den Kredit, sie werden früh genug den Aberglauben einsehen.' Sodann raucht er Tabak, [...] im Ganzen ist der Rauchtabak den Philistern unendlich lieb, sie sagen sehr gern, er halte ihnen den Leib gelinde offen, und sie könnten bei dem Zug der Rauchwolken Betrachtungen über die Vergänglichkeit anstellen; so hängt die Pfeife eng mit ihrer Philosophie zusammen. Sie nennen die Natur, was ihren Gesichtskreis oder vielmehr in ihr Gesichtsviereck fällt, denn sie begreifen nur viereckige Sachen, alles andere ist widernatürlich und Schwärmerei. Eine schöne Gegend, sagen sie, lauter Chaussee! [...] Sie glauben. Mit der Welt sei es eigentlich aus, weil es mit ihnen nie angegangen. [...] Sie gratulieren sich einander, in einer Zeit geboren zu sein, worin so vortreffliche Leute wie sie leben [...]. Wenn sie sich schnäuzen, trompeten sie ungemein mit der Nase. Alle Begeisterten nennen sie verrückte Schwärmer, alle Märtyrer Narren, und können nicht begreifen, warum der Herr für unsere Sünden gestorben und nicht lieber zu Apolda[35] eine kleine nützliche Mützenfabrik angelegt. [...] Ihr höchster Plan, ein Land zu beglücken, ist, es in ein rein gewürfeltes Damenbrett zu verwandeln; es ist so leichter ins Kleine zu reduzieren. [...] Damit aber ja keiner Lust kriege, die Flüsse zu ihrem Quell oder ihrem Ausfluss an oder ab zu geleiten, steht eine Tafel an allen Brücken, worauf ihr geografischer Lauf kürzlich beschrieben ist. [...] Nie sind sie berauscht gewesen, ohne zu trinken, und dann immer sehr besoffen. Sie können kein ursprüngliches Dichterwerk begreifen, verspotten und parodieren es und schreiben dann doch wässerige Nachahmungen. [...] Von einer unendlichen, gleichzeitigen ewigen Bewegung des Erkennens und seiner Heiligkeit haben sie keine Idee. [...]"

---

35 Stadt in Thüringen

Man unterscheidet in der Romantik drei Phasen: die frühromantische Phase, die mittlere oder auch Heidelberger Romantik bis 1815 und die Spätromantik bis 1830[36]. Winfried Freund fasst die Mentalität der Epoche folgendermaßen zusammen:

„Flucht in die Unendlichkeit
Die zumeist in den 70iger Jahren des 18. Jahrhunderts geborenen Romantiker erlebten die 1789 einsetzende Französische Revolution bereits in jungen Jahren als Aufbruch und Sackgasse, als liberale Verheißung und angesichts des blutigen Terrors als Enttäuschung.
Desillusioniert von der zunächst begrüßten geschichtlichen Umwälzung, die in die Militärdiktatur Napoleons mündete, wandten sie sich ab von der realgeschichtlichen Szene. Vollendung konnte für sie im Unterschied zum klassischen Idealismus nicht länger in der endlichen Wirklichkeit erreicht werden, sondern allein in einer poetisch imaginierten, unendlichen Welt, in der die realgeschichtlichen Bedingungen ihre Gültigkeit verloren und die Enge der Verhältnisse überwunden war in der Weite der Fantasie. Die Sehnsucht öffnete die eingeschränkten und einschränkenden Gesellschafts- und Geschichtsräume. In der Perspektive der Träume und Ahnungen gewann das Reich des Uneingeschränkten, Unbedingten Gestalt. Die Romantik überwand sowohl die rationalistischen Verengungen der Aufklärung als auch die ständischen Begrenzungen des Absolutismus sowie die Hierarchisierung der Geschlechter, indem sie den Menschen als eine sich unendlich entwickelnde Ganzheit verstand. Zugänglich war das Ganze nicht der Vernunft und der Kultur der Herrschenden, sondern der poetischen Fantasie und dem Volk, dessen Dichtungen das Ursprüngliche bewahrt hatten und dem auf das Ganze gerichteten weiblichen Bewusstsein. Nicht das endliche Sein, sondern das unendliche Wer-

---

36 Vgl. Winfried Freund: *Deutsche Literatur*. Schnellkurs Dumont, Köln 2000, S. 98–99

den bildete den Kern romantischer Orientierung. Daher spielten Liebe und Tod, Überschreitung und Auflösung der engen persönlichen Grenzen eine zentrale Rolle. Zugleich hatten das Chaos der Revolution, die Entfesselung politischer Aggressivität den Romantikern die Augen geöffnet für die Nachtseiten der Natur, für das Grauen vor dem menschlich Abgründigen. Fantasie und Fantastik, Hoffnung auf Entrückung ins Unendliche und Angst vor der Verstrickung im Endlichen prägten die Ambivalenz romantischen Bewusstseins."

Literatur

Textausgaben:

Joseph von Eichendorff: *Aus dem Leben eines Taugenichts.* Reclam UB (2354). Hrsg. v. Hartwig Schulz. Stuttgart 2001 (Text in neuer Rechtschreibung)
(Nach dieser Ausgabe wird zitiert.)

Sämtliche Werke des Freiherrn Joseph von Eichendorff. Historisch-kritische Ausgabe (HKA). Begründet von Wilhelm Kosch und August Sauer. Fortgeführt und herausgegeben von Hermann Kunisch. Regensburg 1908 ff. und Tübingen 1962 ff.
(Zitiert als HKA)

Nachschlagewerke:

Gero von Wilpert: *Sachwörterbuch der Literatur.* Stuttgart (Kröner) 2001

Biografische Erfassungen:

Korte, Hermann: *Joseph von Eichendorff.* Rowohlts Monografien 1490. Reinbek 2000
Schiwy, Günther: *Eichendorff. Eine Biografie.* München (Beck) 2000

Benutzte Literatur:

Bormann, Alexander von: *Joseph von Eichendorff: Aus dem Leben eines Taugenichts.* In: Erzählungen und Novellen des 19. Jahrhunderts. Interpretationen. Bd. 1, Stuttgart 1988 (Reclams Universal-Bibliothek 8413), S 339–379

Brentano, Clemens: *Der Philister vor, in und nach der Geschichte. Scherzhafte Abhandlung.* In: Clemens Brentano, Werke 2, Studienausgabe Hanser, München 2. Aufl. 1973, S. 959–1003

Haar, Carel ter: *Joseph von Eichendorff. Aus dem Leben eines Taugenichts.* Text, Materialien, Kommentar. München 1977 (Hanser Literatur-Kommentare 6.)

Hillach, Ansgar: *Aufbruch als novellistisches Ereignis. Joseph von Eichendorff: Aus dem Leben eines Taugenichts.* In: Winfried Freund (Hrsg.): Deutsche Novellen. München (UTB Fink) 1993, S. 73–83

Köhnke, Klaus: *Homo viator. Zu Eichendorffs Erzählung Aus dem Leben eines Taugenichts.* In: Aurora 42 (1982) S. 24–56

Kunz, Joseph: *Eichendorff, Höhepunkt und Krise der Spätromantik.* Darmstadt (WBG) 1951, ²1967

Lämmert, Eberhard: *Eichendorffs Wandel unter den Deutschen. Überlegungen zur Wirkungsgeschichte seiner Dichtung.* In: Die deutsche Romantik. VR Kleine Vandenhoeck Reihe. Göttingen 1967, S. 219–252

Poser, Hans: *Joseph von Eichendorff: Aus dem Leben eines Taugenichts.* In: Jakob Lehmann (Hrsg.): Deutsche Novellen von Goethe bis Walser. Interpretationen für den Literaturunterricht, Bd. 1. Von Goethe bis C. F. Meyer. Literatur + Sprache + Didaktik. Scriptor Taschenbücher 155. Königstein/Ts. 1980, S. 105–124

Mühlher, Robert: *Eichendorffs Erzählung Aus dem Leben eines Taugenichts: Ein Beitrag zum Verständnis des Poetischen.* In: Aurora 22 (1962), S. 13–44

Paulsen, Wolfgang: *Eichendorff und sein Taugenichts. Die innere Problematik des Dichters in seinem Werk.* Bern/München 1976

Polheim, Karl Konrad: *Neues vom Taugenichts.* In: Aurora 43 (1983), S. 32–54

Rodewald, Dierk: *Der Taugenichts und das Erzählen.* In: ZfdPh. 92, 1973, S. 231–259

Schultz, Hartwig: *Joseph von Eichendorff: Aus dem Leben eines Taugenichts*, Erläuterungen und Dokumente. Reclam, Stuttgart 1994

Stöcklein, Paul (Hrsg.): *Eichendorff heute.* Stimmen der Forschung mit einer Bibliografie. Darmstadt (WBG) 1966

Wiese, Benno von: *Joseph von Eichendorff. Aus dem Leben eines Taugenichts.* In: B. v. W. Die deutsche Novelle von Goethe bis Kafka. Düsseldorf 1956, S. 79–96

Materialien aus dem Internet:

http://www.philhist.uni-augsburg.de/Eichendorff/index.html
(Site der Eichendorff-Gesellschaft)

http://www.gutenberg2000.de/autoren/eichndrf.htm
(Eichendorffs Werke online im Projekt Gutenberg)

Bitte melden Sie dem Verlag „tote" Links!

Deutsche Verfilmungen:

Aus dem Leben eines Taugenichts. DDR 1973.
Regie und Drehbuch: Celino Bleiweiß.

Taugenichts. BRD 1978.
Regie: Bernhard Sinkel.
Drehbuch: Bernhard Sinkel und Alf Brustellin.

Wie interpretiere ich ...?

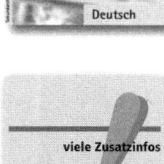
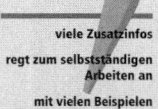